Rechts- und Staatstheorien der Neuzeit

Leitsätze zu Vorlesungen

von

Rudolf Stammler
Professor an der Universität Berlin

Leipzig :: Verlag von Veit & Comp. :: 1917

Rechts- und Staatstheorien der Neuzeit

Leitsätze zu Vorlesungen

von

Rudolf Stammler
Professor an der Universität Berlin

Leipzig :: Verlag von Veit & Comp. :: 1917

Druck von Metzger & Wittig in Leipzig.

Inhalt.

		Seite
§ 1.	Einleitung	1
§ 2.	Die Staatsräson	4
§ 3.	Die Utopien	9
§ 4.	Das Naturrecht	11
§ 5.	Das Recht als Teil der Natur	19
§ 6.	Das Streben nach Reichtum und Macht	22
§ 7.	Die Aufgabe der Vervollkommnung	23
§ 8.	Der *contrat social*	27
§ 9.	Der soziale Eudämonismus	33
§ 10.	Das Vernunftrecht	36
§ 11.	Die historische Rechtsschule	40
§ 12.	Das Recht des Stärkeren	43
§ 13.	Die theokratische Rechtsauffassung	47
§ 14.	Die Freiheitslehre	51
§ 15.	Die materialistische Geschichtsauffassung	54
§ 16.	Die Theorie des Anarchismus	67
§ 17.	Der juristische Empirismus	73
§ 18.	Die freirechtliche Bewegung	77
Register		83

§ 1.

Einleitung.

I. Theorie heißt eine Lehre, die allgemeingültig ist. Sie unterscheidet sich von der Technik und von der Praxis.

Das Wesen der Technik besteht in der Beschränkung auf ein begrenztes Ziel; sie macht an einem bedingten Gesichtspunkte halt und nimmt diesen als ein vorläufig letztes Richtmaß an. Die Theorie geht auf das Ganze des Geisteslebens und forscht nach der harmonischen Einfügung jedes bedingten Vorkommnisses in die Einheit des Bewußtseins überhaupt.

Die Praxis ist die Anwendung einer Lehre auf einen einzelnen Fall. Für sie ist es gleichgültig, ob es sich um einen theoretischen oder technischen Lehrsatz handelt: es kommt bloß darauf an, eine in der Erfahrung gestellte Einzelfrage unter die zutreffende Regel zu bringen.

II. Unter den Lehren, die mit dem Anspruche allgemeiner Gültigkeit auftreten, sind die absolut richtigen von den nur objektiv richtigen zu unterscheiden.

Die letzteren behandeln den Stoff unserer Erlebnisse nach allgemeinen Richtlinien; sie bearbeiten also Eindrücke und Strebungen nach einer festen, zugrunde liegenden Methode. Sie können durch neue Beobachtungen oder durch genaueres Eindringen in ihrem Inhalte berichtigt und verbessert werden, — für sie gibt es einen Fortschritt der Wissenschaft.

Von absoluter Bedeutung kann hiernach nur die unabänderlich gleichmäßige Art sein, in der alle bedingten Vorgänge sich einheitlich bestimmen und richten lassen. Die bedingende Weise des Ordnens wird in der Schulsprache von alters her die Form des Erkennens genannt. Sie muß im letzten Grunde selbst unbedingt feststehen, da sonst aller Bewußtseinsinhalt unstet und wirr bleiben würde.

Die Einsicht in die reinen Formen des einheitlichen Bestimmens und Richtens würde Theorie im genaueren Sinne des Wortes heißen. Sie ist auf dem Wege kritischer Selbstbesinnung klarzustellen, — als Antwort auf die Frage: In welchen bleibenden Gedankengängen ist Ordnung und Einheit im Bewußtsein möglich?

III. Eine Rechts- und Staatstheorie hat es hiernach damit zu tun, was sich von dem Rechte und dem Staate allgemeingültig feststellen läßt. Sie muß, nach dem Gesagten, die reinen Formen darlegen, in denen wir juristisch denken und gegebenes rechtliches Wollen grundsätzlich beurteilen. Indem sie also die gleichmäßige Methode für das Erfassen rechtlicher Gedanken angeben will, sucht sie nach einem Maßstabe, mit dem sich wissenschaftlich — das ist: in unbedingt einheitlicher Weise des Erwägens — beweisen läßt: ob ein geschichtlich auftretendes Recht die Eigenschaft der Richtigkeit besitze oder nicht.

IV. Die Geschichte dieser Bestrebungen begleitet den allgemeinen Entwicklungsgang des theoretischen Denkens.

Sie erreichen im Altertum ihren Höhepunkt in der griechischen Philosophie, werden von der römischen Jurisprudenz in mehr intuitiver Weise aufgenommen und in der Scholastik des Mittelalters in Folgerungen aus deren grundlegender Gesamtlehre ausgeführt.

Die Neuzeit bietet eine ununterbrochene Kette von Versuchen, den bedingenden Einheitsgedanken für alles je vorkommende Recht herauszuarbeiten und das letztere nach der Gesetzmäßigkeit unseres Daseins überhaupt zu verstehen.

§ 2.

Die Staatsräson.

I. Niccolo Machiavelli. Geboren 1469 zu Florenz. Trat 1498 in den Dienst seiner Vaterstadt, die seit 1494 zur Republik erklärt worden war. Mit der Rückführung der Medici durch Papst Julius II. 1512 verlor er sein Amt. Teilnahme an republikanischen Verschwörungen brachten ihn zeitweilig in das Gefängnis; in den Staatsdienst konnte er trotz seiner vielfältigen Bemühungen nicht wieder gelangen. Er starb 1527 auf seinem Landgute *La Strada* bei Florenz.

Machiavelli hat vier Hauptwerke hinterlassen: Über die Kriegskunst; Florentinische Geschichte; — *il principe* (deutsch in histor.-polit. Bibliothek und bei Reclam); *discorsi*: Erörterungen über die erste Dekade des Livius. Hierher gehören die zwei letzten Bücher. Sie sind zu gleicher Zeit verfaßt, erst 1531 herausgegeben. Das Buch vom Fürsten war dem Lorenzo von Medici gewidmet, das andere Werk zwei republikanischen Freunden. Hieraus haben manche einen Widerspruch herleiten wollen, indem das eine Mal die Monarchie, zum andern mit dem Lobe altrömischer Zustände die Republik empfohlen werde. Dies ist unbegründet. Machiavelli ist der Ansicht, daß keine Staatsform die an sich beste sei; es bestehe notwendig ein Wechsel der staatlichen Einrichtungen.

Hierin lehnt er sich an Aristoteles an und wiederholt den von jenem beschriebenen Kreislauf in der Geschichte der Staaten: Einsetzung des Stärksten und Einsichtigsten zum Fürsten, dann Entartung von dessen Erben; hierauf aristokratische Regierung derer, die an Edelmut, Geistesgröße und Reichtum den übrigen überlegen waren, und nach dem Habsucht und Gewalttätigkeit ihrer Nachkommen; darum Schaffung einer Demokratie, die aber zur Zügellosigkeit der Menge führe, worauf man zur Fürstenherrschaft zurückkehre. Freilich sei es selten, daß derselbe Staat diese Schicksale heil erlebe; er gehe gewöhnlich nach einer gewissen Zeit zugrunde (disc. I, 2).

Darum zieht Machiavelli aus den Erfahrungen, die die Staatengeschichte bietet, eine Fülle von Regeln und guten Ratschlägen für einen Politiker, in erster Linie für einen Fürsten. Hierbei stehen neben vielen treffenden und brauchbaren Bemerkungen auch solche Angaben, die man zu allen Zeiten als unbegründete und schlechte Mittel empfunden hat. So z. B.: Rat, ein überwundenes Fürstengeschlecht auszurotten; oder die besiegte, an Freiheit gewöhnte Stadt zugrunde zu richten; Empfehlung des Treubruches, wenn es im Staatsinteresse nötig wäre; Aufstellen des berüchtigten

Satzes: *für einen Fürsten ist es nötig, wenn er sich behaupten will, daß er lerne, nicht gut sein zu können* (princ. c. 3; 5; 15; 17; u. a.).

II. Die Aufhellung dieses Widerspruches bereitet Schwierigkeit.

Eine bloß geschichtliche Erklärung, die sich damit begnügen würde, auf die Entstehung jener Lehre aus der damaligen Lage des Verfassers hinzuweisen, würde über ihre systematische Berechtigung gar nichts besagen.

Danach ist das Buch vom Fürsten dem Schicksal nicht entgangen, für eine Satire gehalten zu werden; — sicherlich unbegründeter Weise. Denn die Art der Ratschläge, die MACHIAVELLI gibt, ist für Monarchie und Republik die gleiche; oft werden sie sogar für beide Staatsformen gemeinsam erteilt (z. B. disc. I, 10; 19ff.; 51; II, 20ff.; III, 3; 19; u. v. a.). In der Sache enthalten sie zumeist scharf beobachtende und im Ernste zutreffende Bemerkungen, die von begeisterter Vaterlandsliebe durchweht sind (princ. 26). Ihn einfach als moralisches Ungeheuer hinzustellen — so FRIEDRICH II. im *Antimachiavell* (1740) — geht mit Grund nicht an.

III. In Wahrheit hat auch MACHIAVELLI das Ziel sachlich gerechtfertigter Zustände vor Augen. Nur ist ihm die alleinige Bedingung hierfür die rechtliche Satzung und der staatliche Zwang. Die Menschen, sagt er, sind von Natur schlecht (disc. I, 2; princ. c. 17; 18), und die Gesetze machen sie gut (disc. I, 3). So wurde MACHIAVELLI der Schöpfer der (nach ihm noch oft vertretenen) *Staatsräson*, — die als obersten Maßstab für alles menschliche Wollen das jeweilige Gebot des Staates nimmt.

Aus diesem Gedankengange erklärt es sich, daß MACHIAVELLI dazu kommen konnte, für die Herstellung und Durchsetzung eines starken Staates schlechterdings jedes Mittel für erlaubt zu halten. Auch die Religion sei nur eine äußere Einrichtung zur Unterstützung der Ordnung im Staate (vgl. disc. I, 11). Schlechte Gesetze würden im Sinne MACHIAVELLIS ausschließlich solche sein, die die Staatsgewalt zu schwächen geeignet sind (vgl. allerdings auch princ. c. 15).

IV. Die Lehre MACHIAVELLIS stellt sich der kritischen Prüfung als grundsätzlich mangelhaft dar.

Es fehlt zuvörderst eine hier nötige Auseinandersetzung von Recht und Sittlichkeit, wie nicht minder eine solche von Recht und Staat. Vor allem aber ermangeln die Ausführungen jenes Schriftstellers der Klarheit über den letztlich entscheidenden Maßstab für innerlich begründete Maßnahmen eines rechtlichen Wollens.

Das Merkmal *des Guten* kann als solches nicht in der Befolgung von Paragraphen eines staatlichen Rechtes bestehen. Denn das letztere ist selbst nur von bedingter und begrenzter Bedeutung. Um ein grundsätzlich richtiges Wollen feststellen zu können, braucht man das Richten von empirisch erwachsendem Streben nach der Idee der Willensreinheit. Wir stellen uns in Gedanken ein Wollen vor, das von allem subjektiven Begehren gerade dieses wollenden Individuums frei ist und beurteilen nach seinem Verhältnisse zu dieser Idee den bedingten Inhalt einer gegebenen Bestrebung.

Wenn nun das geschichtlich entstandene Recht in seiner Besonderheit gerade nicht den idealen Maßstab des Ehrenwerten und Guten abgibt, so ist auch die Meinung Machiavellis unbegründet, daß es außer der Beachtung des positiven Rechtes kein weiteres Bedenken geben könne. Wohl ist das geltende Recht gegen willkürlichen Bruch nach außen und innen zu schützen. Aber der oberste Blickpunkt für die Aufgabe des Staatsmannes und Gesetzgebers ist damit noch nicht angegeben. Sie erschöpft sich nicht in dem bloßen Durchführen eines Rechtes, wie es gerade da ist, sondern gipfelt in seinem steten Berichtigen und Bessern nach der Idee der Gerechtigkeit. Und diese besagt wiederum die Bewährung des Gedankens vom reinen Wollen für das soziale Dasein der Menschen, — ihre Leitung ermöglicht das Herstellen und Betätigen von richtigem Rechte.

§ 3.

Die Utopien.

I. Thomas Morus. Geboren 1478 zu London. 1529 Lordkanzler. Er weigerte sich, den von Heinrich VIII. geforderten Suprematеid zu leisten. 1535 hingerichtet.

Er schrieb: *de optimo rei publicae statu deque nova insula Utopia*, 1516. Das Buch schildert in freier Erfindung einen Musterstaat, nach kommunistischen Anschauungen und Bestrebungen eingerichtet.

II. More ist wohl vorzugsweise durch Platon angeregt worden; besonders durch dessen unvollendet gebliebenen Dialog *Kritias oder Athen und Atlantis neuntausend Jahre vor Solon.*

Er hatte zahlreiche Nachfolger. Hervorzuheben: Campanella, *civitas solis*, 1620. — Harrington, *Oceana*, 1656. — Vairasse, *histoire des Sevarambes*, 1677. — Cabet, *Voyage en Icarie*, 1840. — Bellamy, *Looking backward* 2000—1887, 1887. — Hertzka, *Freiland*, 1890. — U. v. a. m.

III. Die soziale Geschichte weist nur vereinzelte Fälle kommunistischer Einrichtungen und Gemeinwesen auf. In einzelnen Richtungen die spartanische Verfassung des Lykurg; — vielleicht die ersten Christengemeinden (vgl. Apost. Gesch. 2, 44ff.; 4, 32ff.; 5, 1ff.).

Sodann seit dem 16. Jahrhundert die Wiedertäufer und verschiedene Sekten und Gemeinden auf religiöser Grundlage, namentlich in Nordamerika (hervorzuheben die Amanaleute und ganz eigenartig die Mormonen); in neuerer Zeit auch rein weltliche Gemeinwesen (vgl. KATSCHER, Soziale Gemeinwesen, 1906). In bestimmter Weise der Jesuitenstaat in Paraguay von 1610 bis 1766.

IV. Die Utopien sind Dichtwerke. Aber sie begnügen sich nicht mit der Freude an dem künstlerischen Walten schöpferischer Einbildungskraft. (So im Altertum die — nicht erhaltenen — Romane von HEKATÄOS, JAMBULOS, THEOPOMP und besonders die Schilderung der Insel *Panchaia* von EUHEMEROS; in späteren Zeiten manche dahingehende Märchen und sagenhafte Reiseabenteuer, namentlich SWIFT, Gullivers Reisen, und ähnliche.) Sie wollen vielmehr in ernster Meinung den geschichtlich erlebten sozialen Zuständen andere und bessere gegenüberstellen. Sie geben Entwürfe für neue rechtliche Einrichtungen und malen die hiervon zu erwartenden Folgen aus.

Andererseits geschieht dieses letztere genau ebenso bei jedem Gesetzesvorschlag, der in beliebiger Lage vorgebracht wird. Und beide — die Utopie, wie eine besondere Reformbestrebung der praktischen Politik — erwachsen aus früher erfahrenem Rechte her; sie unterscheiden sich in der Art der Entstehung gar nicht.

Die wesentliche Eigenart der Utopie liegt vielmehr darin, daß sie bestimmte Eigenschaften der von ihr geschilderten Menschen und gewisse technologische Möglichkeiten der Lebensführung erdichtet. Für dieses frei erfundene Dasein entwirft sie dann ihre Rechts- und Staatseinrichtungen. (Daher die Satire von HOLBERG, *Niels Klimms unterirdische Reise*, 1741, der solche Idealstaaten mit seiner Schilderung von wandelnden Bäumen oder vernunftbegabten Tigern und anderen angeblich staatenbildenden Wesen verspottete.)

Die so eingeführten rechtlichen Bedingungen des dortigen Zusammenwirkens werden nun von der Utopie als grundsätzlich richtig behauptet. Ein Beweis könnte aber nur aus einer in sich begründeten Rechtstheorie hergeführt werden. Darum haben die Utopien in ihrer dichterisch darstellenden Weise zwar Wert als Anregung zu kritischer Besinnung über unser Recht und Leben, aber keine unmittelbare Bedeutung für die Klarstellung der rechten Methode einer wissenschaftlichen Behandlung der sozialen Frage.

§ 4.

Das Naturrecht.

I. Naturrecht ist ein Recht, das in seinem Inhalte der Natur entspricht.

Es bedeutet den Gedanken von einem innerlich begründeten Rechte, das den bloß positiven Rechten gegenübertritt. — Als Richtmaß wird *die Natur* genommen. Dieses Wort wird dabei zweifellos in übertragener Bedeutung gebraucht. Und da es hier nicht im Sinne von *Unkultur* stehen kann, so ist es als *Wesen* gemeint. (Wesen eines Dinges: die Einheit seiner bleibenden Bestimmungen.) — In diesem Sinne ist hier zweierlei möglich: a) Natur des Menschen, b) Natur des Rechtes. Dem ersten entstammt das Naturrecht i. e. S., dem zweiten das Vernunftrecht (s. § 10).

II. Die bedeutendsten Vertreter des Naturrechtes sind:

1. Hugo Grotius (1583—1645). Zu erwähnen: *Mare liberum seu de iure quod Batavis competit ad Indica commercia*, 1609; — besonders aber: *De iure belli ac pacis*, 1625.

Grotius wirft die obige Frage (I.) zuerst in voller Bestimmtheit in dem Sinne auf, daß er dabei seine Deduktion von der überlieferten kirchlichen Begründung unabhängig machen will. Durch Aufstellen eines *natürlichen* Rechtes, das auch über den Staaten selbst wieder gelte, ist er der Begründer des neuzeitlichen Völkerrechtes geworden.

Indem er nun auf die Beschaffenheit der menschlichen Natur zurückgeht, nimmt er als Grundeigenschaft des Menschen (alleinig unter allen Geschöpfen) den *appetitus societatis* an, das ist ein Trieb nicht nach irgendwelchem, sondern nach einem ruhigen und nach seiner Einsicht geordneten Zusammenleben mit seinesgleichen.

Dazu tritt die menschliche Gabe, auch über den augenblicklichen sinnlichen Trieb hinaus das ihm Nützliche zu erkennen und zu befolgen.

Und nun kann *a priori* bewiesen werden, daß ein Satz natürlichen Rechtens sei, *si ostendatur alicuius rei convenientia aut disconvenientia necessaria cum natura rationali ac sociali* (z. B. andern keine Gewalt anzutun, welchen sonst das natürliche Recht der Notwehr zukommt; oder Verträge zu halten; u. a.). Dieser Beweis kann durch einen solchen *a posteriori* verstärkt werden: daß nämlich bei allen, oder doch den kultivierten Völkern ein Rechtssatz als Naturrecht anerkannt und befolgt sei.

2. Thomas Hobbes (1588—1679): *Elementa philosophica de cive*, 1642; *Leviathan sive de materia forma et potestate civitatis ecclesiasticae et civilis*, 1651.

Hobbes leugnet, daß der Mensch ein *geselliges Lebewesen* sei, denn Kinder, Unwissende, Uneinsichtige hätten dieselbe Natur wie die anderen Menschen, und könnten doch Bedingungen und Zweck rechtlicher Gemeinschaften nicht einsehen. Also kann Recht und

Staat nicht lediglich durch Bezugnahme auf eine, für dieselben nun einmal vorhandene natürliche Anlage und Fähigkeit des Menschen erklärt werden. Vielmehr ist nach HOBBES der Grundzug der menschlichen Natur dieser, daß der Mensch Furcht vor dem Menschen hat. Er müsse sie haben, da eine natürliche Gleichheit in bezug auf Möglichkeit und Leichtigkeit des Lebensverlustes besteht, und jeder Mensch dem anderen schaden will.

Daher ist das Recht des *status naturae*, des Naturzustandes des einzelnen Menschen, jeden isoliert betrachtet (jedoch nur in der Abstraktion, und nicht, als wenn dies eine geschichtliche Tatsache gewesen wäre), daß jeder alles zu seiner Erhaltung nehmen dürfe, und das Charakteristische dieses Zustandes somit das *bellum omnium contra omnes.* Nun widerspricht der Krieg der Erhaltung des Menschen, wozu diesen die Natur treibt; also *prima et fundamentalis lex naturae est, quaerendam esse pacem, ubi haberi potest; ubi non potest, quaerenda esse belli auxilia.*

Aus diesem allgemeinen Grundgesetze werden nun 20 besondere naturrechtliche Grundsätze abgeleitet, deren Befolgung die unerläßliche Bedingung zur Verwirklichung des Friedens unter den Menschen ist. So vor allem: daß an dem Rechte auf alles nicht festzuhalten ist (denn sonst würde der Krieg die Folge sein und gegen die Regeln des Friedens, d. h. gegen das natürliche Grundgesetz verstoßen werden; — womit die erste naturrechtliche Begründung des Privateigentums versucht ist). Sodann: Verträge sind zu halten; man soll nicht undankbar sein, nicht schmähen, nicht stolz sein; aber auch: Recht der Erstgeburt, Unverletzlichkeit der Parlamentarier; Regeln über Schiedsgerichte, Zeugen, Richten in eigener Sache; usw. — Die beste Staatsverfassung wird die sein, durch welche die Befolgung jener Sätze am sichersten gewährleistet wird. Dies ist, wie HOBBES ausführlich darlegt, die absolute Monarchie.

3. SAMUEL PUFENDORF (1632—1694): *De statu imperii Germanici liber unus*, 1667 unter dem Namen SEVERINUS DE MONZAMBANO veröffentlicht, worin er nach Schilderung der Verfassung und politischen Zustände des damaligen Reiches den radikalen Reformvorschlägen des HIPPOLITHUS A LAPIDE (*de ratione Status in Imperio Romano-Germanico*, pseud. 1647 erschienen), besonders dessen Forderung der *exstirpatio domus Austriacae* entgegentritt. — *De iure naturae et gentium libri VIII* (1672); den Gedankengang abgekürzt entwickelt in: *De officio hominis et civis* (1673).

PUFENDORF entwirft in auslesendem Verschmelzen der Lehren von GROTIUS und HOBBES ein System natürlicher Pflichten. Er nimmt als Natur aller Lebewesen den Erhaltungstrieb, *se ipsum conservare*, an; als natürlichen Zustand des Menschen, diesen losgelöst von aller Kultur (*gleichsam aus der Luft oder sonst woher auf die Erde gefallen*): die Schwäche und Hilflosigkeit, *imbecillitas*. Und da nun der Mensch die Hilfe von seinesgleichen braucht, andererseits jeder die Möglichkeit hat, dem anderen zu schaden, so ist das oberste Gesetz, welches die vernünftige Betrachtung der menschlichen Natur gebietet: *cuilibet homini quantum in se colendam et servandam esse socialitatem.*

Das hiernach ausgeführte Naturrecht des Pufendorf wendet sich also als Gebot an den Einzelnen. Dieser hat als Mensch und als Bürger: den Nächsten zu lieben und zu achten, dessen Eigentum zu schonen, Verträge zu halten, in Familie und Staat sich recht zu betragen.

Die geschichtliche Bedeutung dieser Lehre liegt in dem Aufbau einer weltlichen Sittenlehre gegenüber der überlieferten kirchlichen. Die Staatsgewalt habe sich dann in dem Sinne danach zu richten, daß sie bei der Sorge für die gemeine Rechtssicherheit und für die öffentliche Wohlfahrt die natürlichen Rechte des Bürgers nicht verletze.

4. Christian Thomasius (1655—1728), eine der bedeutsamsten Erscheinungen im Geistesleben seiner Zeit. Hierher: *Institutiones iurisprudentiae divinae*, 1687; *fundamenta iuris naturae et gentium*, 1705.

Grundgedanke: Alle Menschen wollen möglichst lange und glücklich leben, alle verabscheuen den Tod. Mithin oberster Grundsatz des Naturrechtes im weitesten Sinne: *Facienda esse, quae vitam hominum reddunt et maxime diuturnam et felicissimam et evitanda, quae vitam reddunt infelicem et mortem accelerant.*

Daraus ergeben sich drei Arten von Vernunftgeboten: a) *honestum*, das Ehrbare: *quod vis ut alii sibi faciant, tu et facias;* b) *decorum*, das Wohlanständige: *quod vis ut alii tibi faciant, tu et ipsis facias;* c) *iustum*, das Gerechte: *quod tibi non vis fieri, alteri ne feceris.* Die Regeln a): Ethik: Sie wirken auf das Innere und schaffen das höchste Gut; b): Politik: Sie verschaffen Freunde; sind für die Gesinnung gleichgültig; mittleres Gut; c): Naturrecht (i. e. S.): Sie hindern die Feindschaft, aber erwerben noch keine Freunde. Sie schaffen das geringste Gut, aber halten das größte Übel ab. Darum sind sie am notwendigsten: ohne sie ginge das Menschengeschlecht zugrunde.

Damit hat Thomasius schärfer, als die Früheren, zwischen Recht und Moral zu scheiden gesucht. Aber auch das *Naturrecht* ist nur ein Gebot der Vernunft für den einzelnen Menschen. Die bürgerliche Gesellschaft hat jene Mahnungen durchzuführen, wofür Thomasius ein ausgeführtes System des bürgerlichen und des öffentlichen Rechtes entwirft.

III. Auch in neuerer Zeit ist oft versucht worden, auf *die menschliche Natur* als festen Halt für soziale Erwägungen zurückzugehen. Besonders in der Frage des utopischen Sozialismus: bald zu seiner Begründung (so Fourier, — *cabaliste*, *papillonne*, *composite*), oder zur Bekämpfung (so Schäfer; A. Wagner).

IV. In der Tat ist das Heranziehen der *Natur des Menschen* als Unterlage einer Rechts- und Staatstheorie methodisch ungeeignet. Denn wenn man alle geschichtlichen Besonderheiten in den Eigenschaften und Trieben der Menschen, wodurch sie sich voneinander in der Erfahrung zweifellos unterscheiden, wegläßt, so bleibt überhaupt nichts übrig als physiologische Anlagen, die der Ausbildung und Erziehung noch harren.

Die rechte Art der Zwecksetzung folgt also nicht schon aus natürlicher Beschaffenheit als solcher in einheitlicher und allgemeingültiger Art. Und auch die *Eigenliebe* eines jeden Menschen — als natürliche Triebfeder behauptet — erscheint ganz vag: Denn es bleibt offene Frage, in welcher Stärke und in was für einer Richtung den Einzelnen die Liebe zu sich selbst treibt oder hinreißt.

§ 5.

Das Recht als Teil der Natur.

I. Baruch Spinoza (1632—1677). Hierher besonders gehörig: *Tractatus theologico-politicus* c. 16; auch *Ethica* lib. IV.

Spinoza will alle Dinge in ihrer notwendigen Bestimmtheit nehmen und in einer einzigen, naturgesetzlichen Einheit — der *Substanz* — erfassen. Das ist: *Id, quod in se est et per se concipitur, hoc est id, cuius conceptus non indiget conceptu alterius rei, a quo formari debet.* Diese letzte Einheit sucht Spinoza jedoch nicht in dem Bewußtsein, sondern denkt sie außerhalb jenes. Er sieht nicht, daß der Begriff, den er sich von der *Substanz* macht, doch wieder einen Inhalt des Bewußtseins bedeutet, und daß der logisch letzte Punkt, der überhaupt erreicht werden kann, der Gedanke von der möglichen Einheit und Ordnung jenes ist.

II. Die *Substanz* ist nun nach Spinoza der bestimmende und wirkende Grund aller Dinge. Diese folgen mit Notwendigkeit aus ihr. Man könne sie auch *Gott* oder auch *Natur* nennen. Sie ist mit Eigenschaften (*Attributen*) ausgestattet und offenbart sich auf einzelne bestimmte Arten (*Modi*); und so ist auch der Mensch nur ein *Modus* der einigen, allumfassenden *Substanz*.

Danach nimmt Spinoza auch die menschlichen

Zwecke nur als Gegenstand der Naturbetrachtung auf. Sie kommen für ihn nur als Eigenschaften des Menschen in seiner eben beschriebenen Abhängigkeit von der *Substanz* in Betracht. Es ist also übersehen, daß das Ordnen der Veränderungen nach *Zielen und Mitteln* in grundlegender Weise von dem nach *Ursachen und Wirkungen* abweicht. Denn bei dem letzteren wird das Spätere durch das Frühere bestimmt, bei jenem ersten ist es umgekehrt.

III. Nun hat SPINOZA es trotzdem versucht, ein *Naturrecht* zu begründen. Aber er nimmt es, nach seiner allgemeinen Auffassung, im Sinne von *Naturgesetz*.

Die Natur bestimme jedes Individuum, auf eine gewisse Weise zu sein und zu wirken. Es bestehen danach Regeln, die ein jegliches Wesen zur Äußerung seiner Eigenart führen. Denn jedes Ding strebe, soviel an ihm liegt, diese seine besondere Weise zu bewahren (*suum esse conservare*). Von Natur habe jeder Einzelne soviel Recht, als er Macht habe: *Es ist Naturrecht der Fische, zu schwimmen, und der größeren Fische, die kleineren zu fressen.*

IV. Der methodische Gegensatz zwischen dem Gedanken des rechtlichen Wollens und der Betrachtung äußerer Erscheinungen tritt um so schärfer hervor, je mehr SPINOZA auf jenes einzugehen unternimmt. Er will es nach dessen eigener Aufgabe begründen.

Es sei, meint er, für die Menschen nützlicher, nach den Gesetzen ihrer Vernunft zu leben. Sie können das aber nur, wenn sie sich vereinigen und ein Gemeinwesen bilden. Da aber jeder das natürliche Recht hat, den hierauf gerichteten Vertrag — wie jeden anderen — zu brechen, sobald er dazu Macht haben wird, so kann man der Treue des anderen bei jenem Versprechen desselben nicht sicher sein. Mithin würde die staatliche Gesellschaft ganz unmöglich und undenkbar sein, wenn nicht ein Jeglicher, unter Verzichtleistung auf sein natürliches Recht, der höchsten Macht, zum Behufe der bürgerlichen Gesellschaft, in allen Fällen sich unterwirft.

Wenn so im Staate das kleinere Übel im Vergleiche zur Anarchie zu sehen ist, so erscheine auch jener in der Tat als ein angemessenes Mittel zur Erreichung der natürlichen Bestimmung des Menschen. Es sei also begründet, wenn man die Frage nach dem *optimus rei publicae status* aufwerfe. Dieser bestehe eben in der Aufstellung einer durchgreifenden Macht und Stärke eines Herrschers, auf den die Untertanen, gezwungen oder freiwillig, ihr natürliches Recht übertragen, weil ohne das ein Gemeinwesen mit seinen erstrebenswerten Vorteilen nicht möglich sein würde.

Spinoza verfällt also, sobald er auf Recht und Staat zu sprechen kommt, unwillkürlich dem Einsetzen des Gedankens der Wahl; dieser aber hat bei bloßer Beobachtung natürlicher Äußerungen in Wahrnehmungen keinen logischen Sinn und kann gegenüber der Vorstellung des Waltens der *Substanz* nicht gehalten werden. Und er bringt unvermeidlich die Erwägung von Zwecken und Mitteln vor und führt damit eine neue, zweite und selbständige Ordnungsreihe ein, die von der methodischen Erwägung äußerer Erscheinungen zu trennen ist und in ihrer systematischen Bedeutung unabhängig von jener erfaßt sein will.

§ 6.

Das Streben nach Reichtum und Macht.

I. B. Mandeville (1670—1733): *The fable of the bees* (1705).

Der Staat komme in Blüte und Gedeihen am besten durch die Laster seiner Angehörigen; er verfalle, sobald diese ehrlich und genügsam würden. Denn nur unter jener Bedingung können Reichtümer vollauf erworben werden, deren luxuriöser Gebrauch wieder allen Volksgenossen ein gutes Auskommen sichere, und deren Anhäufung die Machtstellung des Staates gewährleiste. Dagegen müsse bei tugendhaftem Leben das Land verarmen, an Volkszahl abnehmen und schwach gegenüber äußeren Feinden werden.

II. Diese Darlegung wäre begründet, wenn wirklich der Maßstab für den guten Zustand eines Staatswesens in letzter Linie Reichtum und Macht wären, und nicht vielmehr: die Idee der Gerechtigkeit, nach der die geschichtlich erwachsenden Zustände objektiv richtig auszugestalten sind.

Dazu fügt Mandeville den zweiten Fehler, daß er als Gegensatz zu seinem bedingten Maßstab die Askese der Einzelnen annimmt. Das ist unrichtig. Macht und Reichtum sind an sich keine verwerflichen Zwecke, aber sie sind bloße Mittel, deren Verfolgung nur unter dem genannten obersten Blickpunkte alles Rechtes gerechtfertigt zu werden vermag.

§ 7.

Die Aufgabe der Vervollkommnung.

I. Christian Wolf (1679—1754): *Ius naturae methodo scientifica pertractatum*, IX Voll. 1740; — *institutiones iuris naturae et gentium*, 1754 (auch deutsch von Wolf herausgegeben).

Wolf geht von dem einzelnen Menschen, als moralischem Lebewesen, aus. Dieser habe die Aufgabe, alle die Handlungen auszuüben, welche die Vollkommenheit des Menschen und seines Zustandes befördern, und alle entgegenstehenden zu unterlassen. Von diesen *natürlichen* Rechten und Pflichten des Einzelnen will WOLF zu einer prinzipiellen Betrachtung des Staatszweckes kommen.

II. Von Natur sei niemand dem anderen untertänig. Nun treten aber in der Geschichte *Herrschaften* auf. Dahin zählt WOLF die Familienverbindungen, das Dienstrecht und endlich die *öffentliche Herrschaft*, den Staat. Zum Verständnisse des letzteren sei es nötig, einen Vertrag oder gleichsam einen Vertrag anzunehmen. Der Staat habe die Vollkommenheit seiner Mitglieder durch dreierlei zu befördern: *sufficientia vitae*, d. i. Überfluß alles dessen, was zur Notdurft, zur Bequemlichkeit und zum Vergnügen des Lebens erfordert wird, — *tranquillitate civitatis*, d. i. Befreiung von der Furcht vor Unrecht oder Verletzung seines Rechtes, — *securitate*, d. i. Befreiung von der Furcht vor äußerer Gewalt. Die Erhaltung dieser Güter heißt *das gemeine Beste*. Dieses ist das Hauptgesetz. Da nun die Glieder des Staates, die an sich die Herrschaft zusammen und gleichberechtigt auszuüben hätten, sie auf einen Regenten übertragen können, so hat in solchen Monarchien der Herrscher nun die Pflicht, die Ausbreitung des öffentlichen Wohles zu befördern, woraus WOLF ein System von Grundlehren für eine gute Regierung herleitet, das als *aufgeklärter Despotismus* zu starker Bedeutung und Durchsetzung gekommen ist.

Verschiedene Völker haben untereinander, als *freie Personen*, dieselben Rechte und Pflichten, wie die einzelnen Menschen. Darum findet auf sie in entsprechender Weise das Naturrecht Anwendung. Demnach sind sie auch verpflichtet, sich und ihren Zustand immer vollkommener zu gestalten. So besteht unter ihnen eine Gemeinschaft (*civitas maxima*), auf Grund welcher das *willkürliche* Völkerrecht entstehe.

III. In diesen *vernünftigen Gedanken* des Wolf über menschliches Leben und Tun sind die Fragen des sittlichen und des sozialen Wollens nicht deutlich unterschieden. Die beiden sind aber im Interesse der Klarheit zunächst ihrem Begriffe nach jeweils zu bestimmen. Es ist dabei nicht gleich auf die sachliche Berechtigung ihres Inhaltes einzugehen. Man darf nicht etwa die Moral als das richtige Wollen, das Recht als ein minderwertiges Gebot nehmen. Es gibt auch schlechte *Moral* und gutes *Recht*. Vielmehr sind beide als Teilvorstellungen des Gattungsbegriffes vom Wollen zu begreifen und nach ihren begrifflichen Merkmalen darzulegen.

Nun sind die Zwecke des Menschen entweder für sich allein zu nehmen oder in Verbindung mit denen anderer Menschen. Bei jenem kommt es auf ein Bestimmen der wünschenden Gedanken an, die im getrennten Sehnen eines jeden auftreten, — bei diesem besteht ein eigenartiges Wollen, das die Ziele verschiedener Menschen wechselseitig als Mittel füreinander setzt. Dort ist es das Innenleben der Einzelnen, — hier ihr Zusammenwirken, das entscheidend in Frage steht. So ergibt sich der Begriff des rechtlich verknüpfenden Wollens als eine allgemeingültig bestimmte Art des Wollens, die über den dadurch verbundenen Willensinhalten in selbständiger Weise gedacht wird.

IV. Alles Wollen untersteht in unbedingter Einheit nur dem richtenden Gedanken der Willensreinheit (vgl. § 2, IV). Sie ist in ihrer leitenden Aufgabe auf die begrifflich geschiedenen Klassen des sittlichen und des sozialen Wollens gleichmäßig anzuwenden.

Das ergibt die Richtlinien der inneren Lauterkeit, für das getrennte Wollen, und der reinen Gemeinschaft, für das verbindende Wollen.

Erst innerhalb der ersteren findet sich der Grundsatz der Vollkommenheit: wonach keine Einzelheit in den Mittelpunkt des Strebens gestellt werden darf (Matth. 5, 39 ff., insbes. 48).

Dagegen bedarf es für die Klarstellung und Ausführung des zweiten angegebenen Gedankens, der Idee der Gerechtigkeit, einer eigenen Erwägung, die durch die einfache Verweisung auf die Aufgabe der Vervollkommnung, wie Wolf es tut, nicht genügend erfüllt ist.

§ 8.

Der contrat social.

I. Jean Jaques Rousseau. Geboren 1712 zu Genf; im politischen Leben nie hervorgetreten und ohne festen Beruf. Nach unruhigem, vielfach abenteuerlichem Leben gestorben 1778. — *Discours sur l'origine et les fondements de l'inégalité parmi les hommes*, 1753; — besonders: *Du contrat social ou principes du droit publique*, 1762.

Rousseau muß als einer der schärfsten Denker in der Geschichte der Rechtsphilosophie bezeichnet werden. Er fragt: Wie an die Stelle von willkürlicher Gewalt, die unaufhörlich erlebt worden ist, ein innerlich begründeter Zustand des Rechtes gesetzt werden könne? — Dies sei nur möglich, wenn man den obersten Gedanken des geordneten Zusammenlebens in dem Sinne eines *contrat social* auffasse: *Chacun de nous met en commun sa personne et toute sa puissance sous la suprême direction de la volonté générale, et nous recevons en corps chaque membre comme partie indivisible du tout.* Im Sinne dieses Gesellschaftsvertrages besteht das Gemeinwesen als ein zusammengesetzter Körper: *une république* oder *un corps politique*, der als *souverain* die gesetzgebende Macht ausübt.

Es ist ein nicht seltenes, starkes Mißverständnis, als ob ROUSSEAU mit dem Aufstellen seines *Gesellschaftsvertrages* erzählen wollte, wie seinerzeit das Recht überhaupt entstanden sei. Davon ist bei ihm keine Rede. Er sagt im Eingange seines Buches klar und bestimmt: der Mensch werde frei geboren und sei doch überall in Fesseln. *Comment ce changement s'est-il fait? Je l'ignore. Qu'est-ce qui peut le rendre légitime? Je crois pouvoir résoudre cette question.* Es bedeutet also der *contrat social* im Sinne des ROUSSEAU nicht eine angebliche geschichtliche Tatsache. Er will vielmehr eine Formel für den Rechtsgedanken liefern und einen systematischen Maßstab für Recht und Gerechtigkeit abgeben.

Wenn nun das gesellschaftliche Leben der Menschen wie ein gemeinsames Wirken auf Grund eines Vertrages aufgefaßt werde, so sei sein allgemeiner Zweck: die Verwirklichung der *volonté générale.* Dieser Gesamtwille darf aber nicht quantitativ genommen werden; er hat nichts zu tun mit dem einstimmigen Wollen aller Rechtsangehörigen oder gar mit den Bestimmungen durch eine Mehrheit. ROUSSEAU stellt ihn statt dessen als ein besonders geartetes Wollen auf, nämlich als die Maxime, die das Wohl aller Menschen überhaupt zur Richtschnur nimmt. Damit wollte er das Merkmal des Begriffes *gut* geben und die Vorstellung der *Tugend* logisch bestimmen. Dem Gesamtwillen nachzuleben, sei das einzige unbedingte Gebot für das menschliche Handeln.

Um den Gesamtwillen im einzelnen Fall festzustellen, sei es zutreffend, alle Genossen um ihre Meinung zu befragen. Sie müssen alle gleichmäßig Anteil an der obersten Gewalt haben; die Herrscher müssen mit den Beherrschten zusammenfallen. Daraus folgen die Sätze ROUSSEAUS: Die Souveränität kann nicht vertreten werden. Der Gesamtwille ist entweder er selbst oder er ist ein anderer; ein Mittleres ist nicht denkbar. Die Abgeordneten des Volkes sind also nicht seine Repräsentanten, sondern nur Geschäftsführer, die nichts unabänderlich beschließen können. Jedes Gesetz, welches das Volk nicht in eigener Person genehmigt hat, ist nichtig.

Für die Praxis trennt ROUSSEAU die Gesetzgebung von der vollziehenden Gewalt. Nur jene gehöre zum Wirkungskreise des Souveräns, für die letztere bestehe die *Regierung* als ein vermittelnder Körper zwischen Souverän und Untertanen. Erst für die rechtmäßige Ausübung der vollziehenden Gewalt, nicht für die gesetzgeberische Macht unterscheidet ROUSSEAU die Möglichkeiten der Monarchie, Aristokratie, Demokratie.

Wenn das Volk abstimmt, so bleibt es, nach dem Gesagten, offene Frage: ob es auch wirklich den Gesamtwillen zum Ausdruck bringt. Möglicherweise verfehlt es diesen und erläßt ein Scheingesetz, also ein solches, das nur auf den Nutzen Einzelner abzielt. Der Gesamtwille selbst ist immer auf das allgemeine Beste gerichtet; er kann nicht irren. Er geht auch nicht durch jene Verfehlung zugrunde; er ist unzerstörbar, aber er ist dann gerade nicht zum Ausdrucke gelangt. Dem sucht Rousseau möglichst zu steuern, indem er Vorschläge über zweckmäßiges Wählen und Abstimmen und sonstige Staatseinrichtungen macht.

II. Die Lehre Rousseaus hat geschichtlich den größten Einfluß dadurch ausgeübt, daß sie als Grundgedanke der französischen Revolution genommen wurde und sich dem System des Lehnswesens siegreich gegenüberstellte.

Allerdings wurde sie hierbei in einem wichtigen Punkte durchaus umgestaltet: in der Ausübung der Gesetzgebung durch das Parlament an Stelle der durch das Volk selbst. Von besonderem Einflusse war hierfür Em. Jos. Sieyès (1748—1836). Er war Priester und Generalvikar des Bischofs von Chartres; dann in der Nationalversammlung hervorragend tätig und für die Entwürfe der Verfassungen in der Revolutionszeit von größter Bedeutung. Unter vielen Flugschriften und Aufsätzen zu bemerken: *Essay sur les privilèges* (1788); *Qu'est-ce que le tiers état* (1789).

Sieyès glaubt, daß die Einrichtung der Volkssouveränität mit dem Stellvertretungssystem in Einklang gebracht werden könne. Die Vermittlung geschah durch den Satz, daß die Parlamentarier Vertreter des gesamten Volkes seien, auch wenn sie nur von einem Teile des letzteren gewählt seien, und daß sie an Aufträge und Anweisungen von Wählern nicht gebunden seien. Das Volk gelange zu mehr Freiheit, zu Unabhängigkeit und Macht, wenn es für die verschiedenen staatlichen Berufsarbeiten sich Stellvertreter ernenne, anstatt genötigt zu sein, das ganze Leben hindurch auf der Wacht zu stehen. Es solle sich bloß die Macht vorbehalten, alljährlich vernünftige und von ihm unmittelbar gekannte Männer zu ernennen. Danach zerfalle die politische Tätigkeit in zwei Teile: *l'action ascendante et descendante*; jenes die Handlungen, durch die das Volk seine verschiedenen Stellvertreter ernennt, das zweite diejenigen, durch welche die Stellvertreter das Gesetz geben und ihm dienen.

III. Nach Rousseaus Grundauffassung hat es seither in der Geschichte überhaupt noch kein *Recht* gegeben. Es war alles nur *Willkür*, weil die staatlichen Ordnungen nicht im Sinne der *volonté générale* im *contrat social* bestellt und durchgeführt waren. Rousseau bestimmt also den Begriff *Recht* nach *dem Inhalte* gewisser befehlender Regeln.

Dies wäre bloß dann zutreffend, wenn er gezeigt hätte, daß zwischen rechtlichem Wollen und willkürlicher Gewalt es einen allgemeinen Unterschied von nur formaler Bedeutung nicht gebe. Es gehören zwar beide zu dem selbstherrlich verbindenden Wollen. Die miteinander verbundenen Willensinhalte vermögen nach dem Sinne der Verbindung an dieser Einfügung nichts zu ändern. Sie stehen den konventionalen Regeln gegenüber, wie sie vor allem in Brauch und Sitte uns entgegentreten. Bei diesen beruht der Geltungsanspruch, in dem sie als verbindendes Wollen erscheinen, auf der Anerkennung der Unterstellten (vgl. § 16).

Allein das selbstherrlich verbindende Wollen läßt sich danach einteilen: ob es ein Einstellen von Fall zu Fall oder in bleibender Art ist. Bei jenem liegt Willkür vor, ein Gebieten nach subjektiver Laune, ein Binden eines Einwirkenden *si voluerit*; — das zweite besagt das logische Merkmal der Unverletzbarkeit, das den Begriff des Rechtes gegenüber dem der Willkür bestimmt.

IV. Das so begrifflich erfaßte rechtliche Wollen hat nun einer einheitlichen Aufgabe zu folgen: der Idee der Gerechtigkeit. Erst bei dem Einsetzen dieses idealen Blickpunktes als leitenden Gedankens kann der Inhalt eines geschichtlich gegebenen Rechtes als ein grundsätzlich richtiger gekennzeichnet werden.

Dagegen geht es nicht an, den Begriff des Rechtes durch Bezugnahme auf einen bestimmt gearteten Inhalt des fraglichen Wollens abzugrenzen. Denn dieser Begriff ist ein logisch bestimmter Ausschnitt aus dem Gebiete des Wollens und soll sich von anderen Klassen des letzteren — der Moral, der Sitte, der Willkür — durch ein festes Merkmal unterscheiden. Die Frage nach der inneren Begründetheit kann aber als Frage gleichmäßig an alle diese Arten gerichtet werden, taugt mithin nicht zur Angabe des Merkmals, wodurch diese letzteren sich voneinander unterscheiden.

Es ist somit die Möglichkeit eines unrichtigen *Rechtes* zu behaupten, also eines verbindenden Wollens, das zwar dem zerteilenden Begriffe des Rechtes restlos entspricht, von der Idee des Rechtes in seinem Inhalte aber nicht geleitet ist.

Mit der Klarstellung dieser Unterscheidung zwischen dem Begriffe und zwischen der Idee des Rechtes fällt die Lehre Rousseaus als unhaltbar dahin.

§ 9.

Der soziale Eudämonismus.

I. Diese Lehre ist namentlich in England ausgebildet worden. Die wichtigste Ausführung rührt von

Jeremias Bentham her (1748—1832); besonders: *Grundsätze der Zivil- und Kriminalgesetzgebung* (deutsch von Beneke, 1830). Sein bedeutendster Nachfolger ist J. S. Mill (1806—1873); hierher: *Utilitarianism*, 1862.

Sie weisen darauf hin, daß Lust und Schmerz die treibenden Ursachen für menschliche Handlungen sind, und meinen, damit die Gesetzmäßigkeit des menschlichen Wollens angegeben zu haben. Gut oder böse seien die Handlungen, wenn sie zur Glückseligkeit oder zu ihrem Gegenteile führen. Danach würde der Endzweck der sozialen Ordnung der Nutzen aller sein. Soweit sich das nicht erreichen läßt, sei wenigstens *die größte Glückseligkeit der größten Zahl* das höchste Gesetz.

II. Diese Lehre des sozialen Eudämonismus ist unbegründet.

1. Die Beförderung des subjektiven Glückes der einzelnen Gemeinschafter ist von vornherein eine ziemlich unlösliche Aufgabe. Das innere Glück, als den Frieden mit sich, kann die Rechtsordnung nicht verleihen; und über das sogenannte äußere *Glück* besteht keine Übereinstimmung.

2. Die Utilitarier versuchen es so: Es solle die größtmögliche Summe größtmöglichen Glückes beschafft und dann möglichst gleich auf die Einzelnen übertragen werden. — Aber das Empfinden des Glückes läßt sich

von dem fühlenden Subjekte nicht loslösen und auf andere keineswegs verteilen.

3. Es könnte jedoch das Beschaffen persönlicher Lust auch als ein ideales Ziel für den Gesetzgeber nur dann mit Grund aufgestellt werden, wenn das oberste Gesetz für rechtes Wollen des Einzelnen die Beförderung seines persönlichen Wohlergehens wäre. Da dieses letztere nicht zutrifft, sondern das Merkmal eines richtigen menschlichen Wollens in der Pflichterfüllung liegt, ohne Rücksicht auf subjektives Behagen des Handelnden, so kann auch das oberste Gesetz der menschlichen Gesellschaft nicht das *Glück* der Einzelsubjekte in dieser sein.

4. Neuere Hedonisten haben eine Art von *Normalglück* genannt: Danach soll das Ziel des Rechtes sein, jedem ein *menschenwürdiges* Dasein zu verschaffen. Das ist richtig. Aber jenes Wort heißt doch dasselbe wie *vernunftwürdig*. Es ist ein Wollen, das des Menschen würdig ist: in seiner Eigenschaft, objektiv richtig wollen zu sollen. Damit kommt man also von dem bloßen subjektiven Glücke als solchem ab.

5. Nicht anders steht es bei der Verwendung des Gedankens von dem Gemeinwohl, *salus publica*. Dieser Ausdruck besagt nur den Wunsch nach einem objektiven Richtmaße, das einem von den bloß subjektiven Begehrungen der Einzelnen frei machen könnte. Wie man aber einen allgemeingültigen Halt im

Wirrwarr von nur persönlichen Strebungen zu denken und zu erwarten habe, dafür genügt die bloße Verweisung auf das Wort *Gemeinwohl* gar nicht.

§ 10.

Das Vernunftrecht.

I. Dieses sind die Versuche, die zunächst das Wesen des Rechtes feststellen (vgl. § 4, I; auch § 8) und es weiterhin unternehmen, danach begründete Rechtssätze zu erhalten.

So KANT, *Metaphysik der Sitten*, 1. Teil 1797: *Das Recht ist der Inbegriff der Bedingungen, unter denen die Willkür des einen mit der Willkür des andern nach einem allgemeinen Gesetze der Freiheit zusammen vereinigt werden kann.* Und hiernach ein bis in das einzelne ausgeführtes System des bürgerlichen und öffentlichen Rechtes.

In gleicher Art FICHTE, *Grundlage des Naturrechtes* 1796 (während *der geschlossene Handelsstaat* 1800 den Entwurf eines Idealstaates, mit sozialistischem Aufbau, bietet).

II. Der Gegensatz von Vernunftrecht und positivem Recht darf nicht auf die Herkunft des Inhaltes beider bezogen werden: als ob jenes durch Vernunft, als eine magische Kraft, frei geschaffen würde, und das zweite innerhalb der geschichtlichen Erfahrung entstände. Der Herkunft nach sind beide gleich: Der Stoff ist immer der Erfahrung entlehnt.

Vernunft heißt vielmehr das Vermögen des Menschen, den geschichtlich bedingten Stoff nach Prinzipien zu bearbeiten, d. h. unter zwei sich bietenden Möglichkeiten die richtige Wahl zu treffen.

Und das so gefundene Recht will nicht unabhängig von gesetzter Autorität Zwangsgeltung für sich schon haben, sondern nur ein ideales Vorbild sein.

III. Der Fehler jener Versuche aus der Aufklärungsperiode lag in der Art ihrer Ausführung, da sie nämlich ein ausgeführtes Rechtsbuch mit einem unwandelbaren Inhalte entwarfen. Das geht nicht an. Denn der Inhalt des Rechtes geht auf die Regelung von menschlichem Zusammenwirken, das auf Bedürfnisbefriedigung gerichtet ist. Alles, was sich aber auf menschliche Bedürfnisse und auf die Art ihrer Befriedigung bezieht, ist steter Veränderung unterworfen. Es gibt keinen einzigen Rechtssatz, der seinem positiven Inhalte nach unbedingt feststände.

Statt dessen kann nur die Aufgabe bestehen, eine allgemeingültige formale Methode zu finden, in der man den notwendig wechselnden Stoff geschichtlich bedingten Rechtes dahin richten und leiten mag, daß er die Eigenschaft des objektiv Richtigen erhält.

IV. Eine solche Methode ist in folgender Weise zu finden und zu begründen.

Es ist der unbedingt einheitliche Grundgedanke alles jemals möglichen Rechtsinhaltes klarzustellen, um danach ein geschichtlich gegebenes Begehren zu richten. Dazu ist nötig, auf das systematische Grundgesetz des menschlichen Wollens überhaupt zurückzugehen. Dieses ist die Idee der Willensreinheit (§ 2, IV; vgl. § 7, IV). Sie ist nun auf das rechtliche Wollen anzuwenden.

Das letztere gehört zu dem sozialen oder verbindenden Wollen, bei dem die Zwecke des einen Menschen als Mittel für den anderen gesetzt werden, und umgekehrt. Denkt man sich, daß das verbindende Wollen dies in unbedingt reiner Weise tue, so würde keiner in einer stärkeren Weise als Mittel für den anderen genommen werden, als er das verbundene Wollen zu seinem Mittel erhält. Es würde sich derartig ausgleichen, daß die Verbundenen der Idee nach aus dem Mittelmechanismus gehoben, und jeder dem anderen nur als Selbstzweck verknüpft bleibt. Ein so gedachtes verbindendes Wollen stellt in seinem Inhalte eine Gemeinschaft frei wollender Menschen dar.

Das ist nur eine Idee, d. i. die Richtung des Denkens, die ein begrenztes Erlebnis auf sein Zusammenstimmen mit der Allheit der denkbaren Einzelheiten beurteilt. Sie ist die Vorstellung des Ganzen aller je möglichen Erlebnisse. Das Ganze ist selbst kein Gegenstand der Erfahrung. Die Besinnung darauf stellt eine Aufgabe und liefert eine Anweisung, der stets nachzugehen ist, obgleich sie niemals vollständig erledigt werden kann.

So kehrt auch die Idee der reinen Gemeinschaft in der empfindbaren Wirklichkeit nicht wieder. Da alle Begehrungen der Menschen bedingt und ihrem Stoffe nach endlich sind, so vermag keine Verknüpfung von ihnen sie restlos gegeneinander auszugleichen. Aber doch ist dieser ideale Gedanke der Leitstern für das nach Richtigkeit strebende soziale Wollen.

Wir nennen seine Formel das soziale Ideal. Sie ist eine Definition des Grundgedankens, der als kritische Richtlinie alles rechtliche Wollen begleitet, sofern folgerichtig ausgedacht wird. Wenn man einen gewissen Rechtsinhalt als grundsätzlich berechtigt bezeichnet oder dies ihm abspricht, so wird damit im letzten Grunde gesagt, daß dieses rechtliche Wollen in seiner gegebenen Lage von dem Gemeinschaftsgedanken geleitet sei oder ihn verfehle.

Und es ist der dargelegte Grundgedanke der einzige, der alles denkbare soziale Wollen zu umspannen vermag. Er unterscheidet sich von jedem sonstigen Ziele für die äußere Regelung des Zusammenwirkens. Sie alle sind begrenzt und in geschichtlich bedingter Art befangen. Nennt man im politischen Kampfe ein solches Ziel (mit schlechtem Sprachgebrauch) ein *Ideal*, so ist es doch sachlich unrichtig, es dem vorhin geformten Grundgedanken des sozialen Ideales logisch gleichzustellen, — denn keines von ihnen vermag sich als die Richtlinie auszugeben, die für alle irgendwelche Bestrebungen, zu beliebiger Zeit und Lage, in unbedingter Einheit Geltung besitzt.

Bei ihm handelt es sich nicht um eine Beschreibung von wirklichen Rechtsvorgängen, oder um die Darlegung des Sinnes eines Gesetzbuches oder sonstigen geschichtlichen Rechtsinhaltes, oder gar um gewisse Postulate auf rechtliche Änderungen, — sondern es wird mit ihm eine Antwort darauf gegeben: Welches ist das logisch bedingende Merkmal des Begriffes *Gerechtigkeit*? Gerechtigkeit ist das Richten eines besonderen rechtlichen Wollens nach der Idee reiner Gemeinschaft.

§ 11.

Die historische Rechtsschule.

I. Darunter versteht man eine eigenartige Rechtsphilosophie, die im Beginne des 19. Jahrhunderts, im Zusammenhange mit der allgemeinen Richtung jener

Zeit, der Romantik, entstand. Besonders: F. K. von Savigny (1779—1861) und Puchta (1798—1846).

Ihre letzte maßgebliche Auffassung ist die, daß, wie der Mensch ein beseeltes Wesen sei, das Volk als Ganzes noch einmal eine eigene Seele habe; ein psychisches Gesamtphänomen, das zwar für sich selbst wissenschaftlich nicht erforschlich sei, das aber seine Realität innerhalb der Welt der Erfahrung darin erweise, daß es in den Gliedern des Volkes gewisse gemeinsame Überzeugungen über mancherlei Fragen wecke. Wenn diese auf *rechtliche* Dinge gerichtet sei, so sei sie, die Überzeugung, bereits das Recht. Der Gesetzgeber habe das schon bestehende Recht nur zu formulieren und zu redigieren. (Praktische Folgerungen: Abneigung gegen Gesetzbücher und Vorliebe für Gewohnheitsrecht; besondere Betonung der geschichtlichen Erforschung des Waltens der *Volksseele*.)

II. Die Vorstellung des *Volkes* als eines *leiblichen* Organismus ist unhaltbar. Es müßte sonst als ein Körper im Raume bestehen. Der Begriff einer rechtlichen Vereinigung von Menschen wird aber nicht durch das Merkmal einer Ausdehnung nach drei Dimensionen bestimmt. Vielmehr fällt sie begrifflich unter den Gedanken der Verbindung von Zwecken. Sie findet hierin ihre wesentliche Eigenart und nicht in ihrem Bestehen als angeblich körperlicher Gegenstand.

Nicht anders steht es mit der Vorstellung von *Völkerindividuen*, die für sich *beseelte* Lebewesen seien. Es würde das eine Übertragung der Vorstellung von dem eigenen Bewußtsein auf *das Volk* bedeuten. Eine solche Übertragung ist dann wissenschaftlich begründet, wenn ohne sie der andere Gegenstand gar nicht gedacht werden könnte. Das ist bei der Vorstellung eines jeden Menschen gegeben, bei der *des Volkes* aber nicht. Die letztere besteht als ein Inbegriff rechtlich verbundener Menschen in restlos bestimmter Weise, ohne daß es notwendig wäre, hier das rätselhafte Urding einer eigenen Psyche als bedingendes Merkmal einzusetzen.

III. Die Behauptung der *Volksseele*, als eines unwandelbar bestehenden Wesens, ist aber nicht nur mystisch, sondern auch widerspruchsvoll. Denn da der Volksgeist das Recht in der geschichtlichen Erfahrung verursachen soll, so würde er, wie jede besondere Ursache, selbst wieder die Wirkung einer anderen Ursache sein, und müßte überhaupt, als Eigenschaft eines begrenzten Naturdinges, des *Volkes*, eine erkennbare Naturerscheinung darstellen, — was er beides, nach jener Lehre, gerade nicht sein soll.

IV. Die *Volksseele* darf nicht mit nationalen Eigentümlichkeiten verwechselt werden, die man als verhältnismäßig übereinstimmende Eigenschaften der Menschen gewisser Kreise beobachten kann. Die nationalen Eigenschaften bilden ein nicht verächtliches Material, das ein jeder Gesetzgeber wohl berücksichtigen soll. Aber sie wechseln selbst im Laufe der Zeit, zum Teil gerade aus internationalen Mischungen her, und können in ihrer besonderen Eigenart nicht als ein absoluter Maßstab für die prinzipielle Begründetheit von rechtlichen Maßnahmen erachtet werden.

§ 12.

Das Recht des Stärkeren.

I. Von alters her finden sich Versuche, den Begriff *des Rechtes* mit dem Hinweise auf die größere Stärke eines Gebietenden zu bestimmen. So WIELAND im *Deutschen Merkur*, 1777: Das Recht des Stärkeren sei *iure divino* die wahre Quelle aller Obrigkeit. Die höchste Gewalt in einem Staate werde nicht durch das Volk geschaffen. Denn dieses sei von Natur unvermögend, sich selbst zu regieren, habe also auch kein natürliches Recht hierzu. — KATO, *Der Kampf ums Recht des Stärkeren* (1894): Überall sei Kampf, auch in der Gesellschaft. *Recht* entspringe daraus, daß entweder die unterlegenen Schwachen die Gewalt der Stärkeren anerkennen oder zwei gleich Starke eine gegenseitige Anerkennung vornehmen. Das finde innerhalb eines Staates statt, wie auch zwischen verschiedenen

Staaten. — Allein das bietet bloß eine genetische Beschreibung, wie man zu *Recht* gelangen möge, — läßt jedoch die systematische Frage nach den bedingenden Merkmalen des Begriffes *Recht* in Wahrheit unbeantwortet. Es kann aber der Unterschied von Recht und von willkürlicher Gewalt nicht durch die Anerkennung des unterworfenen Schwächeren begrifflich festgelegt werden, weil dabei die bloße Macht für sich in dem Zustande der Uneingeschränktheit verbliebe. Umgekehrt liefert die Anerkennung eines sozialen Wollens durch die unter ihm Verbundenen nur den Begriff von Konventionalregeln, als nur einladenden Sätzen, und läßt den selbstherrlichen Anspruch, mit dem die rechtliche Gewalt in der Geschichte auftritt, unbeachtet (vgl. § 8, III; auch § 13 und 16).

II. Zum anderen hat man es unternommen, den idealen Maßstab für die innere Güte von Staatseinrichtungen dem Rechte des Stärkeren zu entnehmen. Hier ist vor allem Carl Ludwig von Haller (1768—1854) zu nennen. Hauptwerk: *Restauration der Staatswissenschaft oder Theorie des natürlich-gesellschaftlichen Zustandes der Chimäre des künstlich-bürgerlichen entgegengesetzt*, 6 Bde., 1816—1825.

Recht und Staat seien nicht Menschenwerk, sondern die Natur selbst bildet durch Ungleichheit der Kräfte und wechselseitige Bedürfnisse mancherlei gesellige Verhältnisse unter den Menschen. Diese natürliche Bildung geschehe nach dem allgemeingültigen Gesetze: daß der Mächtigere herrscht, der Schwächere abhängig und dienstbar ist.

Dieses Gesetz stützt Haller auf den Hinweis auf die anorganische Natur, wo das Größere immer das Kleinere verdränge; auf die Beobachtung der Tierwelt, in der die stärkere Klasse über die schwächere herrsche; endlich auf die Wahrnehmung, daß der Mensch über die Tiere nur herrscht, soweit er seine Überlegenheit bewiesen, und über seinesgleichen bloß, sofern er sie irgendwie übertrifft. Diesem durch die ganze Schöpfung hindurchgehenden Gesetze entspricht ein Hang der Menschen. In der Tat sei es einfach, weise und wohltätig.

Für die Ausübung der größeren Macht gilt freilich ein natürliches Pflichtgesetz. Es ist allen Menschen eingepflanzt und umfaßt die Gerechtigkeit — *meide Böses, tue Gutes* — und die Liebe — *beleidige niemand, sondern nütze, wo du kannst.* Der Herrscher hat es zu befolgen, die Untertanen haben beim Mißbrauche einen erlaubten, selbsthelfenden Widerstand, Anrufen der Hilfe dritter, Flucht oder Trennung.

Nach jenem Naturgesetze baut sich der Staat auf. Es herrscht der Hausherr über Frau und Kinder, der Grundherr über Hintersassen und Gesinde, und schließlich muß eine oberste und unabhängige Gewalt bestehen, entweder in der Person eines großen Herrn (Fürstentum) oder bei einer Korporation (Republik).

Diese Unabhängigkeit ist kein angeborenes, sondern ein erworbenes Glücksgut, und zwar das höchste von allen. Wer sie hat, ist im Rechte; aber da sie als Herrschaft auf höherer Macht beruht, so steht und fällt sie mit dieser.

III. L. GUMPLOWICZ (in verschiedenen Schriften, besonders: *Rechtsstaat und Sozialismus*, 1881; *Grundriß der Soziologie*, 1885) will in der sozialen Betrachtung nicht vom Menschen, sondern von der *Gruppe* ausgehen. Die Staaten entstehen und bestehen dadurch, daß schwächere Stämme und Klassen von mächtigeren Geschlechtern und Rassen unterworfen und beherrscht werden. Das Recht sei die Ordnung der Ungleichheit. Die Beobachtung lehre als naturnotwendig, daß mit Grund die Herrschaft einer mächtigen Minderheit über eine weniger starke und darum zum Gehorsam bestimmte Masse zu organisieren sei.

IV. Diese Versuche übersehen, daß *der Stärkere* in diesem Zusammenhange nicht der physisch, sondern der sozial Stärkere ist. Die soziale Macht besagt aber nichts anderes, als eine gewisse Art der verbindenden Regelung. Sie ist eine Folge dieser letzteren unter bedingten Verhältnissen und kann darum nicht ihr unbedingter Maßstab sein.

§ 13.

Die theokratische Rechtsauffassung.

I. Die heidnischen Religionen stützen regelmäßig die Berechtigung staatlicher Handlungen und rechtlicher Einrichtungen auf eine unmittelbare Ermächtigung oder Anordnung der Götter. Auch dem orientalischen Monotheismus ist dieses geläufig; und eine entsprechende theokratische Rechtsauffassung erhielt sich durch das Mittelalter hindurch. In der neueren Zeit wurde das mit besonderem Nachdrucke von DE MAISTRE (1754—1821) aufgenommen; vornehmlich in dem Werke *Du pape* (3 Bde., 1817). Das Buch gipfelt in dem Gedanken, daß die Staaten nicht auf Selbstbestimmung und Gesetzgebung der Menschen beruhten; sie könnten nur zu geringeren Zwecken sichtbare Abbilder der höheren Ordnung Gottes sein, über die der Papst gesetzt ist. Nur *sous des restrictions terribles* sei den Menschen die Reform der staatlichen Zustände möglich; und grundsätzliche Änderungen in den Verfassungen dürften bloß mit Genehmigung des Papstes vor sich gehen.

II. Solche Versuche, gewissen rechtlichen Bestimmungen einen heiligen und unverbrüchlichen Charakter zu verleihen, können nie darüber hinausführen, daß das Recht ein menschliches Wollen ist. Es entstammt dem bedingten Verlaufe des Menschendaseins und ist von ihm aus zu begreifen und zu begründen. Einer geläuterten religiösen Anschauung kann nur die Annahme einer göttlich gesetzten Aufgabe entsprechen, wonach die Menschen ihr rechtliches Wollen, das sie selbst zu verantworten haben, leiten und bewähren sollen.

III. Besondere Beachtung verdient FR. J. STAHL (1802—1862). *Philosophie des Rechtes*, 3 Bde., 3. Aufl. 1854; — Politische Reden und viele Abhandlungen; — *Die gegenwärtigen Parteien in Staat und Kirche*, Vorlesungen, nach seinem Tode 1863 herausgegeben.

Er lehrte: Das Recht ist die Lebensordnung des Volkes zur Erhaltung von Gottes Weltordnung. Es ist bestimmt durch Gottes Gebote, gegründet auf Gottes Ermächtigung (II, 194). Es hat verbindende Kraft, weil es die göttliche Weltordnung aufrecht zu erhalten dient, wozu jedes, auch das schlechteste Recht etwas beiträgt (II, 220). *Das Recht entspringt aus dem Bewußtsein, ein Gebot Gottes (wo der Gottesglaube fehlt, eine sittliche Notwendigkeit) zu erfüllen, dem man gebunden ist, nicht als beliebige Einrichtung, nicht als bloßer menschlicher Schutz und Nutzen* (II, 234). Der Staat ist eine göttliche Institution. Sein Ansehen gründet sich auf göttliche Anordnung, wenngleich nicht auf Gottes unmittelbare, die Natur durchbrechende Tat. Insbesondere hat die Obrigkeit ihre Gewalt von Gott;

sie ist von Gottes Gnaden. Das rechte Prinzip ist danach: *Autorität, nicht Majorität*! (III, 176ff.)

Nach Stahl bezieht sich die Sanktion Gottes nicht nur auf die Einrichtung des Staates überhaupt, sondern auf dessen bestimmte Verfassung. Auch für die letztere in ihrer Besonderheit sei als höhere Ursache göttliche Fügung vorausgesetzt. Mit der Gründung einer bestimmten Verfassung löse sich der Staat von dem ihn gründenden Menschenwillen ab und stütze sein Gelten nicht auf diesen letztgenannten, sondern auf den göttlichen Willen. *Solange noch nichts besteht*, hätten allerdings die Menschen Macht und Fug, diese oder jene Verfassung festzusetzen; sobald das geschehen und ein Staat geworden ist, seien sie *und ihre Nachkommen* an diese nun bestimmten Staatsgesetze gebunden, eben weil der Staat göttliche Ordnung sei (III, 178).

IV. Die Lehre Stahls will eine systematische Begründung des Rechtes geben. Mit der soeben erwähnten Abscheidung eines vormaligen geschichtlichen Zustandes ohne bestimmte Staatseinrichtungen wird das aber widerspruchsvoll durchbrochen und mit der Frage nach der Herkunft von bedingtem rechtlichen Wollen durchquert. Der Satz von dem göttlichen Ansehen der Obrigkeit konnte auch nach den Stahlschen Prämissen nur besagen, daß sich der geschichtlich vorliegende Rechtszwang als solcher allgemeingültig begründen lasse. Aber STAHL gibt hierfür keine befriedigende Ausführung. Die Behauptung, daß auch schlechtes Recht die göttliche Weltordnung unterstütze, schwebt in der Luft und ist nicht geeignet, den grundsätzlichen Vorzug des rechtlichen Wollens vor dem nur konventionalen zu beweisen (s. § 16, IV).

Für den Rechtsinhalt will die STAHLsche Rechtsphilosophie *die Wissenschaft des Gerechten* sein (I, 1). Wie hiermit die bedingungslose Unabänderlichkeit einer einmal von den Menschen gewählten Rechtsverfassung zu vereinigen sei, bleibt undeutlich. Es ist nicht einzusehen, weshalb bei einer Änderung und bei neuen Möglichkeiten des Zusammenwirkens nicht auch andere Rechtsbestimmungen erforderlich werden, deren innere Berechtigung für die veränderte Sachlage gerade wissenschaftlich zu begründen ist. Dann freilich ist die Ausarbeitung der bedingenden Methode einer überzeugenden Beweisführung notwendig, ohne welche die bloße Verweisung darauf, daß auch Recht und Staat in die Einheit der göttlichen Weltordnung sich einfügen müssen, der eben gestellten Aufgabe nicht genügt.

§ 14.

Die Freiheitslehre.

I. Zunächst aufgekommen als Freihandelsschule im 18. Jahrhundert in Frankreich. Besonders ausgeführt bei ADAM SMITH, *Inquiry into the nature and causes of the wealth of nations* (1776). Im 19. Jahrhundert durchgesetzt als Manchesterlehre (COBDEN 1836).

Die Grundlage aller Politik sei *freies Walten der wirtschaftlichen Kräfte* mit- und gegeneinander, wodurch nach innerer Notwendigkeit eine Harmonie der Interessen sich herausstellen werde. Die staatliche Gesetzgebung habe nur die veralteten Hindernisse des freien Wettbewerbes, sowohl im Innern, als im internationalen Verkehr, wegzuräumen und den Bruch des Rechtes zu verhüten (*Laissez faire, laissez aller, — Nachtwächterstaat*). — Gegensatz (besonders seit 1872): Die ethische Nationalökonomie oder der Kathedersozialismus.

II. Allgemeiner WILH. VON HUMBOLDT (1767 bis 1835) in dem Buche: *Ideen zu einem Versuche, die Grenzen der Wirksamkeit des Staates zu bestimmen;* bes. das. § II a. E. Er meint, *daß die wahre Vernunft dem Menschen keinen anderen Zustand als einen solchen wünschen kann, in welchem nicht nur jeder einzelne der ungebundensten Freiheit genießt, sich aus sich selbst, in seiner Eigentümlichkeit zu entwickeln, sondern in welchem auch die physische Natur keine andere Gestalt von Menschenhänden empfängt, als ihr jeder einzelne, nach dem Maße seines Bedürfnisses und seiner Neigung, nur beschränkt durch die Grenzen seiner Kraft und seines Rechtes, selbst und willkürlich gibt.*

III. Die ökonomische Freiheitslehre übersieht, daß es für die soziale Betrachtung eine unbedingte Freiheit gar nicht geben kann. Das gesellschaftliche Dasein der Menschen ist ein Zusammenwirken. Es ist sonach nur möglich, wenn ein ordnendes Wollen die einzelnen Willensinhalte als Mittel füreinander verbindet; andernfalls blieben lauter vereinzelt gedachte Individuen übrig.

Dem gegenüber genügt auch nicht die Aufstellung, daß der Staat Recht und Pflicht habe, aus *sittlichen* Gründen in das freie Getriebe der Volkswirtschaft *einzugreifen.*

Denn einmal bleibt dabei die Berufung auf sittliche Erwägung ohne kritische Klarstellung dieses Begriffes in seinem Verhältnisse zu der sozialen Frage (vgl. § 7, III).

Zum anderen ist das rechte Verhältnis von Wirtschaft und Recht nicht getroffen. Das Recht greift nicht in *die Volkswirtschaft* ein, als in eine Tätigkeit, die außerhalb des Rechtes als ein *Organismus* bestände, — sondern *Volkswirtschaft* ist nur als Ausführung einer bestimmten Rechtsordnung denkbar (vgl. § 15, IV; 16, I). Die Einheitswirtschaft von Zentralpunkten aus und die Überlassung der sozialen Beiträge an die Entschließung der Einzelnen sind nur zwei logisch einander gleichstehende Mittel und Wege, deren die rechtliche Regelung des Zusammenwirkens sich bedienen mag. Ohne die logische Bedingung des rechtlichen Verbindens besteht aber der Begriff der Gesellschaft und der sozialen Wirtschaft überhaupt nicht.

IV. Für die Ausgestaltung der rechtlichen Ordnung ihrerseits ist der Freiheitsgedanke ganz unbrauchbar.

1. Er widerstreitet dem Begriffe des Rechtes. Dieses besitzt die Eigenschaft der Selbstherrlichkeit. Das rechtliche Wollen verbindet die Zweckinhalte in einer bleibenden Art, die von der Zustimmung der Unterstellten von Fall zu Fall unabhängig ist. Diese Zwangsregelung grundsätzlich beizubehalten und ihr doch zugleich die unbedingte Freiheit der rechtlich Verbundenen zum Inhalt zu geben: heißt einen unlösbaren Widerspruch setzen.

2. Es taugt der Gedanke der absoluten Freiheit aber auch keineswegs zum idealen Ziel des rechtlichen Wollens. Denn die hier gemeinte *Freiheit* wäre eine äußere. Sie, zum Prinzip erhoben, würde mithin die grundsätzliche Gestattung mit sich führen,

in seinem äußeren Wirken nach persönlichem Willensinhalte vorzugehen. So würde sie das Gegenteil des gesuchten Maßstabes für ein objektiv richtiges Wollen sein.

Wollte man aber die Lehre HUMBOLDTS so verstehen, daß das Recht die Verbundenen nicht unnötig einengen, sondern ihnen soweit nur tunlich Freiheit gewähren sollte, so hätte man in Wahrheit ein anderes, bis dahin noch ungeklärtes Richtmaß eingeführt. Jene gewisse Freiheit von nur verhältnismäßiger und von schwankender Bedeutung wäre nun bloß ein bedingtes Mittel; über seine Art und rechte Anwendung ist dann nach jenem anderen, darüber stehenden Prinzip, das ein richtiges Zusammenleben bedingt, im besonderen Fall erst noch zu befinden.

§ 15.

Die materialistische Geschichtsauffassung.

I. MARX, *Zur Kritik der politischen Ökonomie* (1859). — MARX und ENGELS, *Das kommunistische Manifest* (1848). — ENGELS, *Herrn Eugen Dührings Umwälzung der Wissenschaft* (1878); hieraus drei Kapitel in Sonderausgabe unter dem Titel: *Die Entwicklung des Sozialismus von der Utopie zur Wissenschaft.*

Die materialistische Anschauung der Geschichte geht

von dem Satze aus, daß die Produktion, und nächst der Produktion der Austausch ihrer Produkte, die Grundlage aller Gesellschaftsordnung ist; daß in jeder geschichtlich auftretenden Gesellschaft die Verteilung der Produkte, und mit ihr die soziale Gliederung in Klassen oder Stände, sich danach richtet, was und wie produziert und wie das Produzierte ausgetauscht wird.

Der Mensch ist hiernach ein mit sozialen Instinkten ausgerüstetes Lebewesen; mit Trieben versehen, die ihn zu einer andauernden Geselligkeit mit seinesgleichen bewegen; — welchen sozialen Antrieben er folgt, um den Kampf um das Dasein besser führen zu können.

Darum komme es bei aller sozialen Betrachtung im letzten Grunde auf die Art der sozialen Wirtschaft an.

Vor allem ist das Recht eines Volkes nach jener Lehre durch die Besonderheit wirtschaftlicher Verhältnisse bedingt.

Den äußeren Erscheinungen im Raume sollen also im sozialen Leben die *ökonomischen Phänomene* entsprechen. Sie, die sozialwirtschaftlichen Erscheinungen, sind, nach dem sozialen Materialismus, Naturgebilde. Sie entstehen, bewegen und verändern sich und gehen unter, — alles in naturwissenschaftlich zu erforschenden Prozessen. In ihrer Gesamtheit bilden sie die Materie des sozialen Daseins der Menschen; in ihrem Leben und

Vergehen stellen sie deren Bewegungen dar. Eine wissenschaftliche Betrachtung des sozialen Lebens müsse also im letzten Grunde immer auf die gesetzmäßige Erforschung von ökonomischen Phänomenen zurückgehen.

Dabei verkennt diese Lehre durchaus nicht die maßgebliche Bedeutung der *Ideen* im weitesten Sinne des Wortes; sie leugnet keineswegs das Auftreten idealer Ziele in menschlichen Vorstellungen und Bestrebungen, noch auch übersieht sie die Tatsache, daß solche Ideen oftmals die nächsten Gründe für die historisch vorliegenden Rechtsänderungen abgegeben haben und immer abgeben werden. Aber sie meint, daß die gemeinsamen Geisteserscheinungen in der Menschengeschichte nichts als widergespiegelte Abbilder der wirtschaftlichen Verhältnisse seien. Es seien *Reflexwirkungen* der ökonomischen Phänomene.

II. Marx war bei dem Entwerfen seiner Lehre von Hegel ausgegangen. Vgl. dessen *Grundlinien der Philosophie des Rechtes* (1821); dazu *Vorlesungen über die Philosophie der Geschichte*, nach seinem Tode (zuerst 1837) herausgegeben.

Diese Philosophie nimmt folgende Sätze zu ihrer Unterlage: a) Der Grund der Welt ist die Vernunft. Sie ist absolutes Subjekt. Das Absolute ist der sich selbst offenbarende Geist. Nur dieser existiert bleibend und wahrhaft, aus ihm ist alles abzuleiten, ihm allein kommt seinem Wesen nach *Wirklichkeit* zu (daher der Satz: was *vernünftig* ist, ist *wirklich*, und umgekehrt). — b) Die Vernunft verwirklicht sich selbst. Dabei findet ein stetes Werden statt. Die Welt stellt einen Entwicklungsprozeß dar (nicht in dem späteren Sinne der Deszendenzlehre), nämlich die Selbstbewegung des Absoluten. — c) Dieses beständige Sich-anders-werden des Absoluten geschieht in *dialektischer* Art. Jeder Begriff trägt sein Gegenteil schon in sich. Er muß an einem gewissen Punkte *in sein Gegenteil umschlagen*. Danach geht die *dialektische* Entwicklung der Dinge so vor sich, daß *ein Begriff sich selbst bestimmt, Bestimmungen in sich setzt und dieselben wieder aufhebt und durch dieses Aufheben selbst eine affirmative, und zwar reichere, konkretere Bestimmung gewinnt* (Philos. d. Gesch., Einl.); — etwa so: daß ein Satz als wahr gesetzt wird, dieser Position tritt der negierende Zweifel gegenüber; es muß eine *Negation der Negation* einsetzen, wir sind genötigt, ein Drittes und Höheres zu suchen.

Diese Betrachtungsweise sollte nun auf das Recht und auf die Geschichte der Menschheit angewandt werden.

Dem subjektiven Willen des Individuums stellen sich die selbständigen Zwecke des objektiven Geistes gegenüber, und beide erfahren ihre dialektische Synthese in dem dadurch gewonnenen Reiche der verwirklichten Freiheit (Rphilos. § 4). *Das Recht ist etwas Heiliges überhaupt, allein, weil es das Dasein des absoluten Begriffes, der selbstbewußten Freiheit ist* (das. § 30).

Die Weltgeschichte zerfällt in vier Perioden: die orientalische, griechische, römische, germanische Welt. Sie entsprechen den Stufen des Knaben, Jünglings, Mannes, Greises, wobei das letzte Lebensalter die vollkommene Reife des Geistes bedeute. In der Weltgeschichte sei es *vernünftig zugegangen* (Philos. d. Gesch. Einl.). Die *wirkliche Geschichte* beginnt mit dem Staate. Den Begriff der Weltgeschichte erhalten wir in dem dialektischen Sich-setzen des konkreten Geistes eines Volkes, seinem durch sein Sich-wissen geschehenden Untergange und dem Hervortreten eines anderen welthistorischen Volkes. *Die Prinzipien der Volksgeister sind um ihrer Besonderheit willen, in der sie als existierende Individuen ihre objektive Wirklichkeit und ihr Selbstbewußtsein haben, überhaupt beschränkte, und ihre Schicksale und Taten in ihrem Verhältnisse zueinander sind die erscheinende Dialektik der Endlichkeit dieser Geister, aus welcher der allgemeine Geist, der Geist der Welt, als unbeschränkt ebenso sich hervorbringt, als er es ist, der sein Recht, — und sein Recht ist das allerhöchste, — an ihnen in der Weltgeschichte, als dem Weltgerichte, ausübt* (Rphilos. § 340).

Die HEGELsche Philosophie ist ohne kritische Fragestellung ausgeführt. Sie erörtert nicht die Möglichkeit von allgemeingültigen Erkenntnissen und die Grenzen, in denen eine absolut richtige Einsicht überhaupt bestehen kann. Sie stellt ihre Behauptungen unbegründet hin.

Das tritt in ihrer ganzen Eigenart entscheidend hervor: a) Das Zurückgehen auf *das Absolute* bleibt ungeklärt. Auch der Gedanke des Unbedingten ist ein Gedanke, der zu anderen in ein Verhältnis gesetzt werden soll; auch er untersteht der Notwendigkeit eines gleichmäßigen Ordnens des Bewußtseins (vgl. auch § 5, I). Die Einheit dieses Ordnens — nach altem Sprachgebrauche: der Gedanke der Gesetzmäßigkeit — ist das Letzte, auf das die theoretische Erwägung gegründet zu werden vermag. — b) Der Begriff der *Entwicklung* hat einen verständlichen Sinn nur bei der Frage nach der Annäherung eines Zustandes an eine Zweckbestimmung. Er fügt sich somit als eine besondere Ausführung in den Rahmen der Gedanken von Zielen und Mitteln ein; er steht unter diesen und bietet für sich nicht eine oberste Spitze der Betrachtung. — c) Die *Dialektik* ist als allgemeingültige Methode unbewiesen und undeutlich. Da ihr eine kritische Grundlage fehlt, so kann sie ihr Zutreffen nur auf vages Beobachten dieser oder jener Geschehnisse und Überlegungen stützen. Das *Umschlagen in das Gegenteil* gibt aber weder eine Anleitung für den *gewissen Punkt*, an dem es geschehen möge, noch auch sagt es deutlich, ob die Notwendigkeit dieses Geschehens nun als eine kausale oder als eine finale oder wie sonst gemeint sei.

Gegenüber der kritischen Methode weist die Betrachtungsweise HEGELS drei sichere Mängel auf: a) Sie kennt nicht die Analyse der Bewußtseinsinhalte nach Form und Stoff. Die erstere ist die bedingende Art, in der ein gegebenes Etwas einheitlich bestimmt werden kann, der Stoff ist der nach der Form bestimmte Bestandteil eines Gedankens (vgl. § 1, II). Nur von den reinen Formen des Ordnens unseres Geisteslebens vermag es ein abgeschlossenes System zu geben. Denn das System ist eine erschöpfend gegliederte Einheit. Die dazu nötige Vollständigkeit kann dem unabgeschlossenen Stoffe der Eindrücke und Strebungen als solchem niemals zukommen. Die Unhaltbarkeit der Aufstellung eines Systems stofflich bedingter Inhalte und die damit gegebene Vernachlässigung des guten Rechtes der empirischen Forschung hat seinerzeit zu dem begründeten Sturze der HEGELschen Metaphysik mit Recht wesentlich beigetragen. — b) Sie bekümmert sich nicht um die Scheidung der systematischen und der genetischen

Frage. Die Erwägung des Werdens eines Dinges baut sich auf seinem Wesen auf und setzt dieses logischerweise voraus. Die Veränderung eines Gegenstandes kann nur seine unwesentlichen Zutaten betreffen, die an die Einheit seiner bleibenden Bestimmungen sich anfügen. Es führt nicht zu klarer Einsicht, wenn die genannten beiden Richtungen der Erwägung in der einen Auffassung eines *Entwicklungsprozesses* vermengt werden. — c) Sie geht fehl in dem Verhältnisse von Idee und Wirklichkeit. Die Realität des Erlebens besteht in dem Gedanken der geordneten Bedingtheiten. Die Vorstellung der unbedingten Allheit der jemals möglichen Besonderheiten — das ist die Idee — bedeutet nur eine Aufgabe und gibt eine Anleitung zum Ordnen. Sie liefert den Blickpunkt, nach dem man sich richten mag, aber sie kann, gerade in ihrer Unbedingtheit, nie innerhalb der bedingten Vorkommnisse restlos sich zeigen. Die *Verwirklichung* der Idee ist, in klarer Erfassung der letzteren, überhaupt nicht zu erreichen. Das *Ewige* ist in der Eigenart des damit bezeichneten Gedankens niemals *gegenwärtig* (wie Hegel, Vorr. z. RPhilos. sagt), — es bezeichnet nur die gedachte Richtlinie, nach der ein Gegenwärtiges, das immer bedingt und begrenzt ist, beurteilt und geführt werden mag.

III. Die wichtigste Einzelanwendung der materialistischen Geschichtsauffassung liegt in dem modernen (wissenschaftlichen) Sozialismus vor. Mit folgendem Gedankengange:

1. Die soziale Wirtschaft der Neuzeit ist zum großen Teile schon sozialisiert und wird dieses immer mehr; das heißt: die Produktion erfolgt in planmäßig organisierten ökonomischen Einheiten (Fabriken, Großgrundbesitz, Großhandel usw.), in denen Menschen zu gemeinsamer Arbeit zusammengefaßt werden. Diese ökonomischen Einheiten schwellen für sich stetig an und verringern sich zugleich an Zahl. Trotzdem besteht noch die alte Rechtsordnung, die sich darauf gründete, daß die Werkzeuge der Produktion dem Arbeitenden gehörten, und die deshalb ihm das Produkt zusprach. So entsteht ein sozialer Konflikt zwischen der angegebenen wirtschaftlichen Grundlage und dem über ihr schwebenden Rechte; ein Konflikt, der in den industriellen und kommerziellen Krisen sichtbar zum Ausdrucke kommt. Das Privateigentum an den Produktionsmitteln paßt nicht mehr zu der veränderten Sozialökonomie, es ist wirtschaftlich veraltet.

2. Das gesetzmäßige Wesen der modernen ökonomischen Phänomene, das ist planmäßiges Zusammenwirken vieler auf berechnete Ziele, steht im Konflikt mit der Anarchie der Produktion auf dem Weltmarkte.

So ist es ein naturnotwendiger Prozeß, daß diese Anarchie fällt, was nur durch Kollektivierung der Produktionsmittel geschehen kann.

IV. Die materialistische Geschichtsauffassung ist unfertig und nicht ausgedacht.

1. Sie ist unfertig; denn sie verwendet ihre grundlegenden Begriffe, wie Gesellschaft, ökonomische Phänomene, soziale Produktionsweise usw., ohne diese nach einheitlich bedingenden Merkmalen klarzustellen. Eine kritische Besinnung hierauf zeigt, daß die soziale Erwägung eine solche des Verbindens von menschlichen Zwecken ist. Die soziale Frage gehört nicht zur Natur-, sondern zur Zweckwissenschaft.

Das Verhältnis von Wirtschaft und Recht ist nicht das von Untergrund und Überbau. Vielmehr kann *soziale Wirtschaft* nicht gedacht werden ohne eine bestimmte rechtliche Art, nach der sie sich ausführt. Jeder ökonomische Begriff setzt gewisse rechtliche Einrichtungen voraus, mit deren Wegdenken er selbst unweigerlich verschwinden würde. Nicht aber ist das Umgekehrte der Fall. In diesem Sinne ist das Recht die Form (= logisch bedingende Weise), die Wirtschaft dagegen der Stoff (= logisch bedingter Gedanke) in der Vorstellung des gesellschaftlichen Daseins der Menschen. Beide sind in dem Begriffe des Zusammenwirkens von selbst und in gleichzeitiger

Entstehung enthalten, aber mit dem oben genannten verschiedenen logischen Rangverhältnis zueinander (vgl. § 14, III; auch § 16, I).

Ökonomische Phänomene bedeuten nicht Naturdinge im Sinne räumlicher Wahrnehmungen. Es sind gleichheitliche Massenerscheinungen in rechtlich geordneten Beziehungen. Sie bilden sich in der Ausführung eines geschichtlich gegebenen sozialen Lebens. Ihnen entstammen Bestrebungen auf Änderung der unterliegenden Rechtsordnung. Wenn solche Bestrebungen erfolgreich sind, bilden sich unter dem neuen Rechte andere wirtschaftliche Erscheinungen des genannten Sinnes; und es ergibt sich also ein unabgeschlossener Kreislauf des sozialen Lebens.

2. Sie ist nicht ausgedacht; denn sie hat den Gedanken der Gesetzmäßigkeit des sozialen Lebens nicht folgerichtig ausgebaut.

Gesetzmäßigkeit besagt die oberste einheitliche Weise, in der besondere Erlebnisse sich ordnen. Eine gesetzmäßige Erfassung sozialer Bestrebungen wird nicht einfach durch eine Einsicht in ihren Werdegang geliefert; so wenig, wie die Erkenntnis des Werdens eines naturwissenschaftlichen Lehrsatzes dessen inhaltliche Richtigkeit verbürgt. Auch Irrtum und verwerfliches Streben entstehen kausal notwendig. Eine soziale Änderung ist dann wissenschaftlich begründet, wenn sie in ihrem Inhalte notwendig ist, um gegebene Zustände mit dem Grundgedanken des sozialen Lebens — der Idee reiner Gemeinschaft (§ 10, IV) — in Einklang zu setzen.

Dies ist bei der Klarlegung einer kritisch begründeten Geschichtsauffassung zu bewähren.

Die soziale Geschichte betrachtet den Fortgang der Art des menschlichen Zusammenwirkens. Sie ist sonach eine Geschichte von Zwecken. Jedes einzelne Ziel kann auch nach der Seite seiner ursächlichen Bestimmung naturwissenschaftlich erörtert werden: das Ganze der sozialen Geschichte ist jedoch eine fortlaufende Kette menschlicher Bestrebungen.

In welchem Sinne kann nun die Menschengeschichte als ein einheitlicher Entwicklungsprozeß erfaßt werden, — was ist *die Geschichte* der Menschen?

Sie selbst ist ja nicht ein einfacher *Naturvorgang*, als eine einzige Wirkung unter einer bestimmten Ursache. Aber sie kann auch nicht als ein fortlaufendes natürliches Werden genommen werden, bei dem nichts als Ursachen und Wirkungen wahrzunehmen wären, denn sie soll ja die zeitliche Folge der gesellschaftlichen Bestrebungen, in Betrachtung von Zielen und Mitteln, wiedergeben.

Der Ausspruch, daß alle (schriftlich überlieferte) Geschichte eine solche von *Klassenkämpfen* gewesen sei, löst das Problem keineswegs. Dieser Satz sagt weiter nichts, als daß die Bestrebungen auf Erhaltung oder Änderung einer sozialen Regelung stets einander entgegengesetzt gewesen sind. Daß dieses in geordneten Gesellschaften dann nach *Klassen* geschieht (gleichviel, ob man darunter alle sozialen Gruppen oder nur einen beliebig angenommenen Teil von ihnen versteht), läßt wiederum die Frage offen: welche der einander bekämpfenden Bestrebungen einen grundsätzlichen Vorzug besitze?

Hierfür haben wir, wie dargelegt, als unbedingt gemeinsam führende Richtlinie nur die Idee der Willensreinheit (§ 2, IV), die für das soziale Leben als der ideale Gedanke einer Gemeinschaft frei wollender Menschen hervortritt (§ 10, IV). Nennt man das nach ihr gerichtete Zusammenwirken das gemeinschaftliche Wollen, so ergibt sich: Die Geschichte der Menschen ist das Fortschreiten ihres gemeinschaftlichen Wollens. Ein besonderes geschichtliches Ereignis ist dann wissenschaftlich bestimmt, wenn es in seinem Einfügen oder in seinem Widerspruch zu jenem Grundgedanken eingesehen wird.

Eine unbedingte Sicherheit dafür, daß die Menschheit immer auf dem Wege des geschichtlichen Fortschrittes sein werde, gibt es nicht. Aber man darf nach aller Beobachtung doch darauf vertrauen, daß der

Zug nach dem Richtigen sich immer stärker und sicherer bewähren wird.

Freilich ist alsdann eine durchgreifende Unterscheidung nötig und bedeutsam. Die kritische Grundlegung der Wissenschaft bietet, ebenso wie die letztere selbst, nur Möglichkeiten, zu objektiv richtigen Ergebnissen zu gelangen. Daß man diese Möglichkeiten benutzen müsse, das entzieht sich der theoretischen Begründung. Sie selbst kann keine Antwort auf die Zweifelsfrage geben: weshalb die Menschen auf Wahrheit und Gerechtigkeit bedacht sein sollen? Hier öffnet sich der Zugang zu einem anderen Gedankenreiche, dessen Beherrschung einer Klärung des religiösen Empfindens zufällt.

§ 16.

Die Theorie des Anarchismus.

I. Anarchismus bedeutet die Vorstellung von einem sozialen Leben, das anders, als durch rechtliches Wollen, geregelt ist. Er ist von *Anarchie* zu trennen, welche unregelmäßige Zustände in einem rechtlichen Gemeinwesen besagt.

Sein erster systematischer Vertreter ist Proudhon (1809—1865). Aus zahlreichen Schriften hervorzuheben:

Qu'est-ce que la propriété? Recherches sur le principe du droit et du gouvernement, 1840; *de la création de l'ordre dans l'humanité*, 1843; *les confessions d'un révolutionnaire*, 1849; *idée générale de la Révolution au XIXième siècle*, 1851; *de la justice dans la Révolution et dans l'Eglise*, 1858. Er nimmt für das Zusammenleben der Menschen eine natürliche Ordnung an. Der menschliche Verkehr, die wirtschaftliche Produktion und aller Handel und Wandel, würden schon an und für sich nach gewisser zugrunde liegender Gesetzmäßigkeit sich abwickeln und in dem Falle, daß man sie absolut frei und ungestört gewähren ließe, in einer naturgemäßen Harmonie sich vollziehen.

Diese Lehre widerlegt sich durch die Klarstellung des Begriffes Sozialwirtschaft, die nur die Ausführung einer sozialen Ordnung zu sein vermag und ohne die bedingende Unterlage eines verbindenden Wollens gar nicht gedacht werden kann (§ 14, III; vgl. § 15, IV).

II. Stirner (1806—1856), *Der Einzige und sein Eigentum.* Dieses Buch enthält den schärfsten Versuch, alle Autorität abzuschütteln, in dem Rechte, der Moral, der Religion. Das oberste Ziel ist ihm die unbedingte Freiheit des Individuums, des *Ich*, wie es gerade da ist. Sie erreiche weder der Liberalismus, der nur einen neuen Herrn in der Mehrheit einsetzte, — noch der

Sozialismus, der alle zu Lumpen gegenüber dem Alleineigentümer, der Gesellschaft, mache. Darum sei der Staat zu tilgen und zu ersetzen durch den *Verein der Egoisten*.

Mit der Behauptung des empirischen Ich als obersten Gesetzes für das Wollen verfällt STIRNER dem unausweichlichen Widerspruch, in dem jeder radikale Skeptizismus befangen ist. Er behauptet das nur subjektiv Gültige als das objektiv Richtige. Er verzichtet nicht auf die grundsätzliche Rechtfertigung eines gegebenen Bestrebens, denn alsdann würde überhaupt keine Erwägung und Erörterung über berechtigte Zielsetzung mehr möglich sein; aber er sieht jene in der Zufälligkeit, wie sie die besonderen Eigenschaften dieses oder jenes Menschen allein bieten können.

III. Der heutige Anarchismus baut sich auf PROUDHON und STIRNER auf und sucht sie teilweise zu verschmelzen. Es gibt zwei Richtungen:

1. Der kommunistische Anarchismus. Ihm schweben freie Gemeinschaften mit brüderlichem Zusammenleben vor, ohne Privatbesitz. Aus seinen Reihen geht *die Propaganda der Tat* hervor.

2. Der individualistische Anarchismus. Er denkt an bloß konventionale Gemeinschaften mit

Privatbesitz. Sein Ziel erwartet er von dem geistigen Fortschritt der Menschheit.

Diese Lehren geben eine besonders starke Anregung zur kritischen Erwägung des Verhältnisses der rechtlichen und der konventionalen Organisation des sozialen Lebens. Es fragt sich, ob sich der selbstherrliche Anspruch der rechtlichen Regelung als solcher — gleichviel welches ihr Inhalt ist — begründen läßt.

S. ob. § 8, III, auch § 13, IV.

IV. Das Recht des Rechtes.

Man hat versucht, die Notwendigkeit einer rechtlichen Gemeinschaft dadurch zu begründen, daß der Rechtszwang unvermeidlich verursacht werde; es entstehe also das Streben nach ihm bei Machthabern, wie auch bei Unterworfenen. — Allein das Recht ist eine Art des menschlichen Wollens. Darum kann es nur als ein notwendiges Mittel zu begründetem Zwecke gerechtfertigt werden; und das hat zu geschehen mit seinem Anspruche der Selbstherrlichkeit, also ohne Rücksicht auf die jeweilige Anerkennung der ihm Unterstellten, — und der Unverletzbarkeit, also der Unabhängigkeit von der Willkür eines Machthabers.

Der Rechtszwang ist nicht ein unerläßliches Mittel zu möglicher Sittlichkeit. Denn die letztere hat es mit dem Innenleben der Menschen zu tun (vgl. § 7, III). Auch kann nicht etwa die Erziehung zu gutem Wollen das Recht als solches rechtfertigen; denn das Problem ist gerade dieses: wie der Rechtszwang ohne alle Rücksicht auf den Inhalt eines bestimmten Rechtes an und für sich begründet werden könne.

Hobbes lehrt, daß ohne Recht ein *bellum omnium contra omnes* sein würde (s. § 4, II — zustimmend Kant, der Idee des menschlichen Zusammenlebens zufolge). Allein die Anzweiflung des Rechtszwanges läßt die Möglichkeit einer sozialen Ordnung nach Willkür oder durch bloße Konventionalregeln noch offen.

Die Frage spitzt sich sonach darauf zu: Ist die rechtliche Art des sozialen Wollens eine notwendige Bedingung, um das Zusammenleben der Menschen gesetzmäßig zu gestalten? Diese Frage ist zu bejahen.

Bei den konventionalen Regeln und bei den willkürlichen Geboten wird, nach dem Sinne dieser Wollensarten, alles in das subjektive Belieben der Verbundenen oder des Verbindenden gelegt. Sie bieten darum keine geeignete Grundlage für ein objektives Ausgestalten der menschlichen Gesellschaft. Beide greifen nur von Fall zu Fall ein; es ist bei ihnen der Bestand des sozialen Lebens als solcher nicht in einer allgemeingültigen, dem bloß persönlichen Ermessen entzogenen, Weise sicher gestellt. Im besonderen ist der anarchistische Vorschlag, nur konventionales Verbinden grundsätzlich anzuerkennen, deshalb verfehlt, weil er die zufällige Befähigung zu freier Konvention bei einzelnen Menschen voraussetzt und sich nicht für die Regelung jedes denkbaren menschlichen Zusammenlebens in gleicher Weise eignet.

Das rechtliche Wollen weist dagegen seinem Begriffe nach die Eigenschaft des bleibenden Verbindens auf. Es vermag jede denkbare Verknüpfung der Zwecke aller möglichen Menschen aufzunehmen, es macht das gesellschaftliche Dasein an und für sich von irgendeinem subjektiven Belieben unabhängig und gewährleistet den Bestand des sozialen Lebens als solchen. Erst wenn dieses festgestellt ist, kann an die gesetzmäßige Ausgestaltung für den Inhalt eines verbindenden Wollens gedacht werden. Darum ist das Recht in seiner Eigenart als unverletzbar selbstherrlich verbindendes Wollen das unentbehrliche Mittel zu möglicher Gesetzmäßigkeit des sozialen Lebens: und hierin liegt seine allgemeingültige Begründung, hierdurch ist das Recht des Rechtes überhaupt dargetan.

§ 17.

Der juristische Empirismus.

I. Unter Empirismus versteht man die Grundanschauung: wonach von einzelnen *Tatsachen* auszugehen wäre, um aus ihrer *voraussetzungslosen* Feststellung ein Weltbild zu entwerfen und allgemeine Richtlinien für das Erkennen und das Wollen der Menschen zu erhalten.

Diese Lehre ist in sich widerspruchsvoll und unhaltbar. Denn einen Eindruck als eine *Tatsache* behaupten, heißt: ihn nach einem grundlegend festen, formalen Verfahren einheitlich bestimmen. Es ist nicht möglich, eine einzelne *Tatsache* für sich allein festzustellen, oder gar die Methode des Feststellens auf die Einzelheiten zu gründen, die erst nach ihr geordnet sind. Vielmehr ist die Möglichkeit des einheitlichen Ordnens unserer Gedankenwelt überall vorausgesetzt. Sie ist in ihrer Eigenart durch kritische Selbstbesinnung zu klären, indem wir uns fragen: In welchen gleichmäßigen Formen ist jene Möglichkeit eines durchgängig harmonischen Bestimmens und Richtens verständlich?

Dabei kommt es auf das logische Rangverhältnis zwischen Einzelheit und grundlegender Methode an; und nicht darauf, was jemand zeitlich zuerst erlebt. Das Ganze ist die logische Bedingung jeder Einzelheit, die erst durch das Einfügen in einen unbedingt festen Grundriß den Rang einer Tatsache erhält.

II. Eine bloß empirische Richtung ist von manchen Schriftstellern dahin verfolgt worden, daß sie größere Zeiträume in deren hervorstechenden Eigentümlichkeiten schildern. Diese beschreibende Weise vollführen sie dann wohl auch für rechtliche Fragen, die bei verschiedenen Völkern in verhältnismäßig gleichen Zügen aufgetreten sind. So vor allem Montesquieu (1689—1755). Von ihm zu nennen: *Lettres persanes*, 1721: Satirische Schilderungen der zeitgenössischen, besonders französischen Zustände, in Briefen, die ein angeblicher, im Abendlande reisender Perser in seine Heimat sendet. — *Considerations sur les causes de la grandeur des Romains et de leur décadence*, 1734. — *De l'esprit des lois*, 1748. Hier betrachtet er eine Menge geschichtlicher Rechtsordnungen, vergleicht sie und weist gewisse Übereinstimmungen bei ihnen auf. Er gelangt so zu Beobachtungen von bedingter Allgemeinheit. Sie betreffen sowohl den Inhalt, wie die Herkunft und die Ausbildung gewisser Rechts- und Staatseinrichtungen. Namentlich erörtert er dabei die abhängige Beziehung der Rechtsinstitute von unterliegenden staatlichen Regierungsformen und von natürlichen Beschaffenheiten eines Volkes und eines

Landes. Die Gesamtheit dieser Beziehungen nennt er den *Geist der Gesetze.*

Alle derartigen Unternehmungen kommen jedoch über begrenzte Aufstellungen nicht hinaus. Sie vermögen keine Einsicht von unbedingter Gültigkeit für das Recht überhaupt zu liefern. Man kann durch das Vergleichen der Besonderheiten mehrerer Rechte gerade die Einzelheiten besser verstehen lernen; aber die Einsicht in die Gesetzmäßigkeit, unter der alles denkbare Recht steht, wird dadurch nicht erlangt.

III. Die Jurisprudenz der neueren Zeit ist häufig dem allgemeinen empirischen Zuge gefolgt. In ernstem Bemühen vor allem Adolf Merkel (1836—1896). Vgl. dessen *gesammelte Abhandlungen aus dem Gebiete der allgemeinen Rechtslehre und des Strafrechts*, 1899.

Alsdann wird versucht, auch die letzten Fragen über das Wesen und die Bedeutung des Rechtes ausschließlich mit einer Bezugnahme auf besondere rechtliche Urteile und auf bedingte Erlebnisse der Rechtsgeschichte zu beantworten.

IV. Allein bei allen *rechtlichen* Satzungen, bei jedem Gedanken an ein *rechtliches* Wollen überhaupt ist der Begriff des Rechtes notwendig vorausgesetzt. Juristisch denken heißt: einen Willensinhalt in seiner Eigenschaft als rechtliches Wollen einsehen. Den Begriff des Rechtes kann man jedoch nicht aus einer Reihe von *rechtlichen Tatsachen* herleiten, die man nebeneinander stellt; denn bei jeder einzelnen von ihnen liegt bereits eine Bestimmtheit durch den Rechtsbegriff vor.

Das gleiche gilt, wenn wir einen bestimmten Rechtsinhalt auf seine grundsätzliche Richtigkeit prüfen. Zu dem hierbei nötigen Maßstab taugt kein begrenztes Ziel, das in einer besonderen Rechtsaufstellung verfolgt wird. Das unbedingt einheitliche Richtmaß kann nur eine formale Methode sein, in der man den mannigfaltigen Stoff, der in der Geschichte gegeben wird, gleichmäßig beurteilt (s. ob. § 2, IV; 10, III und IV).

Die Behauptung, daß eine solche einheitlich bedingende Art und Weise kein Maßstab sein könne, ist falsch. Wenn ein Urteil *richtig* sein soll, so muß es nach einer kritisch gesicherten Methode gefällt sein, deren Beobachtung allein eine Gewähr für die sachliche Begründetheit jenes Urteils liefern kann.

Der Einwand endlich, daß der Gedanke einer solchen leitenden Methode *inhaltleer* sei, ist unklar gedacht. Denn *Inhalt* ist die Eigenart, durch die sich der eine Gedanke von einem anderen unterscheidet; *inhaltleere* Gedanken gibt es überhaupt nicht. Hier liegt eine Verwechslung des Inhaltes mit seinen stofflich bedingten Bestandteilen vor. Freilich gibt es

Gedanken, die von den letzteren frei sind, — aber das ist es ja gerade, was wir in dem Forschen nach einem allgemeingültig messenden Verfahren haben wollten.

Immer ist es also nötig, nach den reinen Formen des Begreifens und des Urteilens zu fragen, die für den Juristen unabänderlich feststehen und den stets wechselnden Stoff menschlichen Begehrens aufzunehmen haben, damit er als rechtlich und richtig geordnet vorliege. Das ist unmöglich, so lange man sich auf das Beobachten solcher, unwillkürlich schon geordneter, Einzelheiten beschränkt. Wir brauchen hier gleichfalls die Methode der kritischen Besinnung auf die Möglichkeit des einheitlichen Ordnens der Rechtsgedanken überhaupt.

§ 18.

Die freirechtliche Bewegung.

I. Gerichtspräsident MAGNAUD in Château-Thiérry, seit etwa 30 Jahren tätig; in den Ländern französischer Zunge durch eine sehr freie und persönliche Rechtsprechung bekannt (*le bon juge*). LEYRET, *Les jugements du Président Magnaud*, I (1900), II (1903). MAGNAUD geht davon aus, daß das Gesetz in *humanem* Sinne auszulegen sei und der Richter sich bei seinem Urteilen von der Rücksicht auf die *menschliche Solidarität* leiten lassen müsse. Diese Auffassung führt Präsident Magnaud in seiner Rechtsprechung in Zivil- und Strafsachen von Fall zu Fall durch. Er weicht alsdann nach seinem Ermessen von dem geformten Paragraphen ab; jedoch anders, als etwa der römische Prätor, der während seines Amtsjahres für seine gerichtliche Tätigkeit zwar andere Regeln als das *ius civile* maßgeblich befolgen durfte, an solche im Edikte aufgestellten Sätze dann aber auch gebunden sein sollte.

Die oben genannte Bewegung ist in den letzten Jahren in Deutschland entstanden, anscheinend ohne mit der Tätigkeit Magnauds bekannt zu sein. Sie kommt aber in der Sache im wesentlichen auf dasselbe hinaus, wie jener ihr Vorgänger. Freilich werden die Grundgedanken der neuen Richtung von ihren Vertretern nicht immer mit voller Klarheit herausgearbeitet. Es sind aber zwei verschiedene Absichten darin verbunden:

1. Die praktische Forderung: daß keine technisch geformte Bestimmung unserer Gesetze einen zwingenden Charakter haben dürfte. Die Festlegung in den Paragraphen würde danach nur eine vorläufige und unmaßgebliche Angabe für den Richter sein; sie sollte in jedem Falle verlassen werden, in dem sie nicht zur richtigen Entscheidung führt, und jeder Rechtsuchende müßte diese Prüfung stets verlangen dürfen.

Es ist nicht zutreffend, zu sagen, daß damit der Richter über das Gesetz gestellt werden sollte; denn es wird ja gerade an das Gesetz die Forderung gestellt, den Richter zur Vornahme jener Prüfung zu verpflichten, und dieser hätte sie dann zu vollziehen, weil er dem sie anordnenden Gesetze unterworfen ist.

Aber es bestehen gegen die beschriebene Forderung der Freirechtler unwiderlegte Bedenken, die aus unseren heutigen Zuständen herfließen. Die Beseitigung des zwingenden Charakters der Formvorschriften würde bei Wechsel, Scheck und anderen Wertpapieren geradezu deren Beseitigung bedeuten, bei dem Grundbuch, Testament u. a. eine unerwünschte Unsicherheit unvermeidlich herbeiführen; bei Fristen und Terminen wäre eine unbedingt zulässige Nachprüfung oft gar nicht durchzuführen, z. B. bei Altersfestsetzungen, oder würde wieder Verwirrung stiften, z. B. im Rechte der Verjährung. Rechtsuchende und Richter sind bei uns zurzeit nicht daran gewöhnt, nach grundsätzlichen Erwägungen die richtige Entscheidung methodisch zu beweisen; sie müssen dazu erst in weiterem Fortschreiten erzogen werden. Für die Verhängung von Strafen hat sich seit dem 18. Jahrhundert der Wunsch nach formalistischer Sicherheit — auch bei sachlich engen Konsequenzen — als überwiegend festgelegt.

Sonach wird ein guter Gesetzgeber beide Möglichkeiten verwerten: zwingendes und nachgiebiges Recht (vgl. Platon im *Staatsmann*). Für eine ausnahmslose Beseitigung von formalistisch zwingenden Paragraphen liegt für die heutigen Verhältnisse kein überzeugender Grund vor.

2. Die freirechtliche Bewegung will sich als eine Methode zum Auffinden von richtigem Rechte geben. Sie meint, dies zu erreichen, wenn man nur den Urteiler *frei* das Recht finden lasse.

Wenn sie sich damit gegen das sklavische Hingeben an *herrschende Anschauungen* wendet, so hat sie recht. Denn diese sind meist nur unsicher festzustellen; ob sie aber auch in Wahrheit den richtigen Obersatz bieten, ist ja jedesmal offene Frage.

Das gleiche gilt von der Berufung auf *volkstümliche* Rechtsauffassung.

Andererseits genügt der einfache Hinweis auf das *freie* rechtliche Empfinden methodisch gar nicht. Denn ein solches Rechtsgefühl bringt niemand mit auf die Welt; es bildet sich unter unübersehbaren Einflüssen bei den Einzelnen verschieden. Wir haben darin zunächst nur zufällig zusammengeraffte Erfahrung und Urteilsart und gelangen aus ihr allein lediglich zu Entscheidungen von bloß subjektivem Werte.

Wer für seine angeblich *frei* gefundenen Rechtsurteile eine objektive Berechtigung behauptet, sollte folgerichtig auf die von ihm tatsächlich befolgte *Methode* des Urteilens sich kritisch besinnen.

II. Auch eine sogenannte *soziologische* Richtung in der neueren Jurisprudenz führt hier zu keinem befriedigenden Abschlusse. Sie sucht zweierlei:

1. Das *lebende* Recht. Die Summe der geformten Rechtsregeln steht zuweilen im Gegensatz zu der *Rechtswirklichkeit*. Es gibt gesetzgeberische Einrichtungen, die nur auf dem Papier stehen; und es vollzieht sich der rechtlich geordnete Geschäftsverkehr vielfach nach Normen, die sich in ihm erst nachträglich bilden.

Aber dieses hat keine *grundsätzliche* Bedeutung. Das Suchen nach dem *lebenden* Recht setzt die sogenannte dogmatische Rechtserwägung voraus und will sie nur im *einzelnen*, nach der gleichen Methode, wie jene, berichtigen oder ergänzen.

2. Die *wirtschaftliche* Betrachtung des Rechtes. Aber die Volkswirtschaft bedeutet nur die besondere Ausführung einer bestimmten Rechtsordnung. Wenn nun jemand zweifelnd fragt, ob diese bedingenden rechtlichen Normen *grundsätzlich richtig* seien, so kann dieses kritische Urteil doch nicht auf die einfache Beobachtung gestützt werden, wie ein gewisses soziales Leben sich *wirklich* vollzieht.

Auch hier zeigt sich, daß ein ideales Richtmaß unerläßlich ist, um eine bestimmte rechtliche Entscheidung vom Standpunkte der Gerechtigkeit aus begründen zu können. Wird statt dessen ausschließlich auf das *soziale Empfinden* verwiesen, oder auf die Berücksichtigung *realer Interessen* oder gar auf eine *induktiv-reale* Betrachtungsweise, so verfällt man dem Eingreifen ungeprüfter Schlagworte.

Register.

absolut 2; 43; 56; — vgl. 37; 59.
allgemeingültig 1; 3; 35; 37; 59; 71; — vgl. 38ff.
Allheit 38; 61.
Amanaleute 10.
Anarchie a. d. Weltmarkt 62; – i. e. rechtl. Gemeinwesen 67.
Anarchismus 67ff.
Apostelgeschichte 9.
appetitus societatis 13.
Aristokratie 29; vgl. 5.
Aristoteles 5.
Askese 23.
aufgeklärter Despotismus 24.
Autorität 49.

Begriff des Rechtes 31ff.; 44; 75; vgl. 25; – und Idee des Rechtes 33.
Bellamy 9.
bellum omnium contra omnes 14.
Beneke 34.
Bentham 34.
Beschreibung von Rechtsvorgängen 40.
Bestand des sozialen Lebens 71f.
Bestrebungen, gesellschaftliche 64f.

Cabet 9.
Campanella 9.
Cobden 51.
contrat social 27ff.

Demokratie 5; 29.
Dialektik 59.

Eigenliebe 18.
Einheit des Bewußtseins 1; vgl. 59; 73; 77.
Einheitsgedanken des Rechts 3; vgl. 39f.
Einheitswirtschaft 53.
einheitliches Ordnen 73; 77; vgl. 59.
Einzelnen, die 16; 17f; 23ff; 30; 35; 53; 68f.; vgl. 21; 22f.
Einzelheiten und Methode 73; — vgl. 65; 75.
Empirismus 73.
Engels 54.

Entstehung 6; 10; vgl. 28; 36f.; 47; 49; 64.
Entwicklung 59.
ethische Nationalökonomie 51.
Eudämonismus 33ff.
Euhemeros 10.
ewig 61.

Fichte 36.
Form 2; 60; 63; 77.
Fortschritt d. Wissenschaft 2; — - geschichtlicher 66f.
Fourier 18.
Frage, soziale 52; 63.
französische Revolution 30.
Freiheitslehre 51ff.; — vgl. 68f.
freirechtliche Bewegung 77ff.
Friedrich II. 6.

Ganze, das 1; 39; 65; 74.
Gedanken, wünschende 25; vgl. 26; 70; s. *Innenleben.*
Geist der Gesetze 75.
gemeines Beste 24; — vgl. 35f.
Gemeinschaft frei wollender Menschen 38ff.; 66; vgl. 26; 39; 65.
Gemeinwohl 35f.; vgl. 24.
genetisch 44; 60f.; vgl. 6; 64.
Gerechtigkeit 8; 23; 26; 32; 39f.; vgl. 45; 50; 82.
Gesamtwille 28ff.
Geschichte 65ff.
geschichtlich 6; 36; 41; vgl. 28.
gesellschaftliche Bestrebungen 64f.; -s Dasein 55ff.; 63.
Gesellschaftsvertrag 27ff.
Gesetzesvorschlag 10.
Gesetzgebung 29.
Gesetzmäßigkeit 3; 34; 59; 64; 72; 75.
getrenntes Wollen 25f.
Glück 34f.
göttlich gesetzte Aufgabe 48.
griechische Philosophie 3.
Grotius 12; 15.
Grundgedanke des sozialen Lebens 65.
grundsätzlich richtiges Wollen 8; vgl. 26; 38; 66.
Gumplowicz 46.
gut 7; — 25; 28; 34.

Haller 44f.
Harrington 9.
Hegel 56ff.
heidnische Religionen 47.
Heinrich VIII. 9.
Hekatäos 10.
Herkunft 36; 49; vgl. 6; 10; 28.
herrschende Anschauungen 80.
Hertzka 9.
historische Rechtsschule 40ff.
Hobbes 13ff.; 71.
Holberg 11.
Humboldt 51.

Ideal, soziales 39f.
idealer Maßstab 8; 44; — vgl. 9; 23; 28; 35ff.; 53; 82.
Idealstaat 9; 36.
Idee 38ff.; 61. — Begriff und - des Rechts 33. — - der Gerechtigkeit 8; 23; 26; 32; 39f.; vgl. 45; 50; 82.

Ideen i. w. S. 56.
individualistisch 69; — vgl. 53.
induktiv-real 82.
inhaltleer 76f.
Innenleben 26; 70; — vgl. 8; 38; 66.
innere Lauterkeit 26.
Interessen, reale 82.
Irrtum 64.

Jambulos 10.
Jesuitenstaat 10.
Julius II. 4.
juristisch denken 75.
juristischer Empirismus 73ff.

Kant 36; 71.
Kathedersozialismus 51.
Kato 43.
Katscher 10.
kausal notwendig 64; — vgl. *Ursachen.*
Klassen 46; 66.
Klassenkämpfe 65.
Kollektivierung der Produktionsmittel 63.
kommunistisch 9f.; 54; 69.
Konflikt, sozialer 62.
konventional 32; 44; 50; 70ff.
Kreislauf d. sozialen Lebens 64.
— - in d. Gesch. d. Staaten 5.
kritische Fragestellung und Methode 59ff.; — vgl. 2; 73; 77; — 11; 81.

Lapide, Hippolithus a 15.
laissez faire, laissez aller 51.
Lauterkeit, innere 26.
lebendess Recht 81.
Lehnswesen 30.
Leyret 77.
Liebe 45.
logische Bedingung 74; s. *Form*·
Lust 34.
Lykurg 9.

Machiavelli 4ff.
Macht eines Herrschers 21; — vgl. 43ff.
Magnaud 77.
Maistre, de 47.
Manchesterlehre 51.
Mandeville 22f.
Marx 54ff.
Maßstab 8; 23; 28; 35; 37; 44; 46; 76; vgl. 82.
materialistische Geschichtsauffassung 54ff.
Materie des sozialen Daseins 55.
Matthäus 26.
Mehrheit 28; — vgl. 49.
menschliche Natur 12ff.; 18; -es Wollen 47.
menschenwürdig 35.
Merkel, Ad. 75.
Methode 37; 38ff.; 50; 73; 76f.; 80f.
Mill, J. St. 34.
Mittel 7; 21; 23; 38; 54; 70; — vgl. 20; 22.
Monarchie 29; vgl. 5; 24; 29; 46.
Monotheismus, orientalischer 47.
Montesquieu 74.
Monzambano, Severinus de 15.

Moral und Recht 17; 25f.; 33; — vgl. *Innenleben.*
Mormonen 10.
Morus 9.

Nachtwächterstaat 51.
nationale Eigentümlichkeiten 42.
Natur 12; 18; 19f.; 45.
Naturerscheinung 42; -recht 11ff.; 20; -vorgang 65; -zustand 14; 16.
natürliche Ordnung 68; - Rechte u. Pflichten 15f.; 21; 24; vgl. 17.
Normalglück 35.
Nutzen aller 34; vgl. 28.

oberster Blickpunkt 8; 23; vgl. 35; 38ff.; 43; 53; 64; 75ff.
objektiv und subjektiv 35; 69; 71; 80; vgl. 54.
objektiv richtig 2; 23; 37; 54; 69.
ökonomische Phänomene 55f.; 64.
optimus rei publicae status 9; 21.
Ordnen des Bewußtseins 59; — vgl. 73; 77.
orientalischer Monotheismus 47.

Papst 47.
Paraguay 10.
Parlamentarier 15; 31.
Platon 9; 80.
politisches Ziel 40.
positives Recht 8; 12; 36.
Postulate auf rechtliche Änderungen 40.
Praxis 1.
Prätor 78.
Propaganda der Tat 69.
Proudhon 67ff.
Puchta 41.
Pufendorf 15f.

Realität 61.
reale Interessen 82.
Recht, Begriff des -s 31ff; 44; 75; — vgl. 70ff.
Recht als Teil der Natur 19f.; — - menschliches Wollen 47.
Recht des Rechtes 70ff. — - des Stärkeren 43ff.
Recht und Moral 17; 25f.; 33; vgl. 7.
Recht und Wirtschaft 52f.; 63; 68.
Rechtsgefühl 80.
Rechts- und Staatstheorie 3.
Regierung 29.
Reichtum und Macht 22f.
reine Formen 2f.; 60; 77; — vgl. 38ff. — - Gemeinschaft 39; 65.
reines Wollen 8; s. *Willensreinheit.*
Religion 7; 47; — vgl. 67.
Revolution, französische 30.
Richter und Gesetz 79.
Richtigkeit 3; 39; 64; 76.
richtiges Recht 8; 80ff.; — vgl. 11; 32; 37.
römische Jurisprudenz 3.

Romantik 41.
Rousseau 27ff.

salus publica 35.
Savigny 41.
Schäfer 18.
schlechte Gesetze 7; vgl. 33; 50.
— - Moral 25.
Schmerz 34.
Scholastik 3.
selbstherrlich 32; 44; 70; vgl. 53.
Sieyès 30f.
Sinn eines Gesetzbuches 40.
Sitte 32; 33; — s. *konventional.*
Sittlichkeit 7; 70; vgl. 26; 52; — s. *Innenleben.*
Skeptizismus 69.
Smith 51.
Souveränität 29; vgl. 27; 45f.
soziale Bestrebungen 64f.; - Betrachtung 55f.; -es Dasein 55ff.; vgl. 63; -es Empfinden 82; -e Erwägung 63; -er Eudämonismus 33ff.; -e Frage 11; 52; 63; -e Geschichte 9; 65; -es Ideal 39f.; -er Konflikt 62; -es Leben 55ff.; vgl. 63; 71; -e Ordnung 68; 71; - Stärkerer 46; -es Wollen 25f.; 38; 71; vgl. 68.
Sozialismus 18; 54; 62; vgl. 36.
Sozialwirtschaft 68; vgl. 52; 55; 63; 81.
soziologisch 81.
Spinoza 19ff.
Staat 3; 5ff.; 21; 22; 24; 45f.; 48f.; 69.
Staatsgewalt 16. — -räson 4; 7.
Stärkeren, Recht des - 43ff. — Vgl. 5; — 21.
Stahl 48ff.
status naturae 14; vgl. 16.
Stellvertretungssystem 31.
Stirner 68f.
Stoff 2; 37; 60; 63; — vgl. 76.
subjektiv 35; 69; 71; 80; vgl. 54.
Substanz 19f.
suum esse conservare 20.
Swift 10.
System 60.
systematisch 6; 28; 44; 49; 60.

Tatsache 73f.; vgl. 76.
Technik 1.
theokratische Rechtsauffassung 47.
Theopomp 10.
Theorie 1f.; vgl. 3.
Thomasius 17f.
Tugend 28; s. *gut.*

unbedingter Rechtsinhalt 37; — s. *absolut.*
unrichtiges Recht 33.
Unverletzbarkeit 32; 70.
Ursachen und Wirkungen 20; 65; vgl. 42.
Utopien 9ff.; — vgl. 18; — 54.

Vairasse 9.
Veränderung 61.
verbindendes Wollen 25f.; 38; 68; — vgl. 41f.

Verein der Egoisten 69.
Vergleichen rechtlicher Besonderheiten 75.
Vernunft 7; 21; 37.
Vernunftrecht 12; 36ff.
vernünftige Gedanken 25.
Vervollkommnung 23ff.
verwerfliches Streben 64.
Völkerindividuen 42; — -recht 12; 25.
Volk 29ff.; 41f.
Volksseele 41ff. — -souveränität 31. — -wirtschaft 53; vgl. 63; 68; 81.
volkstümlich 80.
Vollkommenheit 23.
vollziehende Gewalt 29.
volonté générale 28ff.

Wagner, Ad. 18.
Wahl 22.
Wahrnehmungen 22.
Wechsel d. staatl. Einrichtungen 5; — s. *Kreislauf*.
weltliche Sittenlehre 16.
Werden 61; — s. *Entstehung, genetisch, Herkunft*.
Wesen 12; 36; 61.
Wiedertäufer 10.
Wieland 43.
Willensreinheit 8; 26; 38; 66.
Willkür 31ff.; 71; — vgl. 36.
willkürlich 8; 25; 27; 32; 44; 71.
Wirklichkeit 61.
Wirkungen 20; 42; 65.
Wirtschaft u. Recht 52f.; 63; 68.
wirtschaftlich 51; 55; 81.
Wissenschaft 2; 67.
wissenschaftlich 3; 11; 64; 66.
Wohl aller Menschen 28; vgl. 34.
Wolf 23ff.
wünschende Gedanken 25; s. *Innenleben*.

Ziele und Mittel 20; 59.
Zusammenwirken 26; 63.
Zweck 20; 22; 41; 65; 70.
Zweckbestimmung 59; — -setzung 18; — -wissenschaft 63.
zwingendes Recht 80; vgl. 78.

Metzger & Wittig, Leipzig.